POR FIN VAS A DEJAR DE **FUMAR**

ÁNGEL CASTILLO

POR FIN VAS A DEJAR DE FUMAR

EL MÉTODO
DEFINITIVO
PARA
ABANDONAR
TU ADICCIÓN
AL TABACO

HarperCollins

Editado por HarperCollins Ibérica, S. A.
Núñez de Balboa, 56
28001 Madrid

El lema «Tabacco is HISTORY. The Packet is ART» se incluye con autorización de su autor; Rafael Rivera Blancas.

Diseño de interiores: María Pitironte
Imagen de página 149: Shutterstock
Diseño de cubierta: María Pitironte a partir de imágenes de Shutterstock
Maquetación: Raquel Cañas
Fotografía del autor: José Ramón Fotógrafo

ISBN: 978-84-9139-651-2
Depósito legal: M-12082-2021

*A todos los que no pude ayudar
a liberarse del tabaco,
con la esperanza de que este libro les sirva ahora
para soltar las cadenas de la esclavitud.*

A mis hijos, Carolina y Ángel.

*En especial a Juan,
a quien también se lo agradezco.*

Índice

Introducción

Introducción

Qué mejor modo de comenzar este libro que haciéndolo de la misma manera que empiezo un curso.

Hola a todos. Como ya sabéis soy Ángel Castillo. No quiero que os relajéis, ni tan siquiera que os concentréis, pero acomodaos en la butaca y dejad que todo fluya de forma natural.

Despreocúpate de la inquietud que te ronda por la cabeza, que seguramente alguna tendrás, ya que llegará tu respuesta. Relájate.

Imagina que tienes ante ti una caja envuelta en papel de regalo que contiene un secreto. Un paquete con un método totalmente distinto. Una clave para que en el instante que finalice el curso abandones el tabaco sin esfuerzo alguno.

Imagina que por fin vas a dejar de fumar, que vas a empezar una vida sin tabaco. Y además,

sin fuerza de voluntad,

sin ansiedad,

sin coger algún kilillo,

sin utilizar ningún sustituto.

Incluso disfrutando del paseo felizmente por haber abandonado el hábito desde el mismísimo minuto uno que acabemos el curso.

Cuando lleguen los descansos, saldremos a fumar. Hazlo, habla con tu cigarro y pregúntale: «¿Para qué vas a continuar acompañándome?». Pregúntale y deja la respuesta en el aire. Te apetezca o no un cigarro, oblígate a fumar.

Si este curso fuera un libro, lo seguirías, pero de otra forma, y podrías fumar mientras lees.

Si crees que el regalo que te ofrezco es bueno para ti, acéptalo y permítete que el cigarro pase a ser historia. Permítete iniciar otro capítulo de tu vida pensando de forma distinta. Haciendo lo mismo, pero no como lo has hecho en otras ocasiones, y despréndete del tabaco de un modo cómodo, sencillo y fácil.

Si crees que puede haber otro momento más idóneo para dejar de fumar, llegarás a saberlo conforme avancemos. Comienza una nueva etapa para llegar al final de tus días como viniste a este mundo: sin fumar. Si llegaste a la vida sin un cigarro bajo el brazo, seguramente te irás igual que viniste, sin el pitillo. Procura que tu mundo dé más vueltas contigo dentro y con una mejor calidad de vida. Cada vuelta será una hoja más en tu historia sin escribir.

Tienes garantizado que vas a dejar este mundo. Y cuando lo abandones, ten por seguro que será para siempre. Descuida que lo conseguirás. Al final del todo dejarás de tener miedo y, seguramente, ni te acordarás de un cigarro.

No hablaré mal del tabaco ni de sus efectos, ¿para qué? Si no lo supieras, ¿ibas a estar aquí? Y algo muy importante que no quiero olvidar antes de continuar con la estructura del curso, lo que me dijo un gran amigo mío antes de abandonarnos después de catorce años sin fumar:

—Si un cigarro me alargará la vida, aunque fuese cuatro minutos, sería mi último deseo, sin duda. Pero como no lo hará, ahora sí que sí, amigo mío, sé que he dejado de fumar para siempre.

Sin lugar a dudas, aunque creas que vas a dejar de fumar, no has venido a eso. Este curso es para que comiences una nueva vida libre del tabaco y hacerlo de forma fácil.

> **Aunque parezca un método milagroso o mágico, es muy sencillo.**
> **ENHORABUENA POR ESTAR AQUÍ.**
> **¡Bienvenido a este curso!**

Así, de este modo, es como inicio cada uno de los cursos que doy desde el año 2006. Este libro no iba a ser distinto a cualquiera de ellos porque es igual que tantos que imparto, aunque contado de una forma diferente. En sus páginas encontrarás la llave que abre el candado que te une a un cigarro. Hallarás la libertad y dejarás de arrastrarte. Similar a un asistente, disfrutarás del paseo sin un cigarro que te acompañe desde el mismísimo momento que acabes el último capítulo. Y lo conseguirás sin esfuerzo, sufrimiento ni ansiedad, deleitándote del proceso y sin aumentar de peso. Sentirás plenitud desde el comienzo de tu nueva vida de exfumador.

Déjate llevar por su lectura. Descansa si lo crees conveniente. Abandona el libro por un tiempo si lo ves oportuno y retómalo desde el principio cuando sea el momento adecuado. Me atrevería a decir que, aun terminándolo, no dejarás de fumar; sin embargo, te ayudará a comenzar un nuevo ciclo libre del tabaco.

Escoge un lugar tranquilo donde no te interrumpan. Si lo hicieran, relájate, fúmate un cigarro si te apetece y retoma la lectura desde el principio del capítulo. Si tiraste el paquete de cigarrillos a la basura al empezar el libro, compra otro, por favor. Si lo consideras oportuno, descansa; y si lo consideras adecuado, fuma en esos descansos o hazlo mientras lo lees.

Antes de continuar quisiera pedirte disculpas por si te sientes ofendido por alguna expresión o palabra, o por si parezco muy dogmático. Aunque sea muy tajante, detente y piensa.

No hace falta que busques un momento idóneo. Da igual si te dedicas al mundo de los negocios o si vives entre humo. Ni es necesario que te tomes unas vacaciones o cambies de trabajo, que esperes un ascenso, que salgas de la oficina de empleo, que tengas la crisis de los cuarenta, que hagas caso a tu médico o incluso que tengas este libro en tus manos.

Posiblemente encuentres una coyuntura para vivir sin tabaco en lugar de para dejarlo. Parece idéntico, pero es distinto.

Voy a transcribir un curso. Voy a regalarte una caja con un método, que es totalmente opuesto a lo que has hecho otras veces para dejar de fumar o a lo que estás acostumbrado. Si te hubiera funcionado con otros métodos, ¿tendrías este libro en tus manos?

Te indicaré los pasos que debes seguir y te diré lo que te ocurrirá cuando comiences tu vida de exfumador desde el minuto uno. Sabrás el porqué de tus comienzos, que son los de todos; el final, que es parecido al de los asistentes, y el principio de un ciclo nuevo sin cigarro que exclusivamente es tuyo.

Te explicaré cómo funciona el cerebro de un fumador que se enfrenta a vivir sin tabaco. Te identificarás en cada una de sus páginas con los motivos y las excusas para dejarlo. Cada párrafo parecerá que está escrito para ti. Romperás tus temores a sufrir y a fracasar. Tendrás pautas para no engordar. Este libro te empujará a dar el salto y a romper las cadenas que te atan, y así podrás comenzar una vida nueva sin tabaco fácilmente.

Rasga el envoltorio del regalo que te ofrezco y empieza a cuidarte sin fumar de una manera fácil.

¡Vamos a ello!

1.

Entender para comenzar

1.

Entender para comenzar

Un fumador empedernido

Empecé a fumar alrededor de 1985. Mi hábito comenzó a la edad de trece o catorce años aproximadamente, y lo dejé «aparcado» después de padecer un infarto cerebral con treinta años —según el neurólogo, producido en gran parte por el tabaco—.

Después de miles de intentos con chicles, parches de nicotina, cigarrillos de plástico con su pastillita mentolada, caramelos, medicamentos farmacológicos, mal genio y peor humor, un día me levanté cansado de buscar un momento para abandonarlo y dejé de intentarlo. Al tiempo, mi esposa de aquel entonces me comentó la posibilidad de asistir a una sesión de hipnosis en una localidad cercana. Fui a un terapeuta hipnólogo, con una sesión de hora y media, incluido descanso, y lo dejé durante una larga temporada. Nos dijeron —fue una sesión grupal— que el tabaco producía cánceres, que me iba a matar y que era nuestro último día de fumadores. Que nos repitiéramos una y otra vez: «¡Hoy es mi último día de fumador!».

La posibilidad de padecer varios tipos de cánceres y que el tabaco me matara no me inquietó, ya que lo había pensado más de una vez. Sin embargo, escuchar que era «mi último día» me puso nervioso. Me preguntaba constantemente qué iba a hacer yo sin fumar, sin mi cigarro con mi café, con mi cerveza, en mis reuniones y cómo iba a relajarme. Tenía miedo a estar sin fumar. De llegar a casa y estar enfadado.

Yo era empresario, estaba desbordado de trabajo con su estrés correspondiente y temía no poder concentrarme. En definitiva, temía hacer mi vida con normalidad sin un cigarro.

En el descanso, donde nos teníamos que fumar «el último», los integrantes intercambiamos nuestras inquietudes. Todos coincidíamos de una forma u otra en el temor a nuestro día a día y, cómo no, a sufrir un síndrome de abstinencia producido ante la falta de nicotina. Una ansiedad que todos creíamos a ciencia cierta que íbamos a sentir.

—¡Mi marido dejó de fumar sin ninguna dificultad, sin mono! —dijo una de las mujeres que asistía a la sesión—. ¡Si él lo hizo, yo también!

Justo ahí me cambió el chip. El resto del descanso empecé a pensar de forma distinta. Hice caso omiso a todos los comentarios y me centré en eliminar de mi cabeza el «hoy es mi último día de fumador». Tan solo pensaba: «¡Si el esposo de esta mujer lo ha hecho sin sufrir, yo puedo hacerlo!».

Cuando pasamos a la sesión después de la pausa y nos dispusimos a entrar en trance hipnótico, he de reconocer que dejé de oír al terapeuta. Ni llegué a relajarme. Únicamente me escuchaba a mí mismo: «¡Será más fácil si no temo hacer una vida normal! ¿Por qué tengo que sufrir mono para dejarlo? ¿Por qué mi vida tiene que ser diferente? ¿Y si desaparece como por arte de magia?».

Haber tenido el infarto cerebral me enseñó algo muy valioso: en un abrir y cerrar de ojos te puede cambiar la vida por completo. Ahora estás aquí y en un segundo puedes abandonar este mundo.

Desde que salí del hospital me quedó una sensación extraña: cada vez que me preocupaba una cuestión que debía resolver para el día siguiente, pensaba: «¡Quién sabe dónde estaré mañana!».

Durante los veintisiete días que estuve ingresado, si me alteraba por algún motivo, automáticamente me venía a la cabeza: «¡Seré imbécil, sigo inquietándome por un después y por un mañana!». Desviaba la atención y me preguntaba: «¿Por qué siento este desasosiego por lo que va a pasar dentro de diez minutos?».

Al salir de la sesión de hipnoterapia me vinieron al pensamiento todas las frases que me decía durante mi hospitalización y la sensación que me quedó después del infarto.

Mientras conducía, de vuelta a casa, me acordaba de un cigarro, pero de una forma distinta, y me preguntaba: «Si estuve veintisiete días hospitalizado sin apetecerme, ¿por qué debo tener ganas a partir de ahora? Si no me apeteció en todos esos días, aunque me acordara, posiblemente el mono sea inexistente y solo una ilusión. Puede que el síndrome de abstinencia a la nicotina sea solo psicológico. ¿Esta noche antes de acostarme...? ¡Yo qué sé lo que va a pasar! ¿Mañana? ¡Yo qué sé dónde estaré! ¡Yo qué sé lo que va a suceder a partir de este momento!, por lo tanto, ¿quién sabe si tendré ansiedad? ¿Me merece la pena sufrir por algo que no sé si va a ocurrir? ¡Yo qué sé si voy a tener mono! Si el marido de esta mujer lo dejó sin sufrir, ¿por qué tendría yo que padecer? Por otro lado, ¿para qué quiero el tabaco? Creo que ya estoy cansado de depender de un cigarro. Estoy harto de fumar».

A la mañana siguiente, nada más despertar, me vino a la cabeza de nuevo el mismo pensamiento: «¡Yo qué sé lo que va a pasar hoy con el tabaco! ¿Por qué tengo que estar inquieto? Además, ¿para qué quiero fumar? Si me hubiera muerto por el infarto, entonces sí que hubiera dejado de fumar para siempre. Hoy no sé si lo dejaré, pero ahora estoy sin hacerlo. Más tarde, ¡quién sabe! ¿Para qué quiero continuar fumando?».

Durante aquellas primeras veinticuatro horas me cuestioné constantemente sin llegar a ninguna respuesta. En ese aspecto me parezco a mi padre. Él deja las preguntas en el aire sin contestar. Y al día siguiente, más de lo mismo.

El sábado de esa semana teníamos una reunión de amigos en el campo. Al llegar la noche del viernes aún me seguían surgiendo las mismas dudas: «¡Yo qué sé cómo voy a estar mañana!».

En el pícnic rezaba para que mis amigos fumaran poco o alejados de mí. Al principio me apartaba de ellos, temeroso de verlos con el cigarro en la mano. Me sentía observado por aquellos que sabían que había ido a una sesión de hipnosis. Estos se separaban de mí hasta que me atreví a relacionarme como habitualmente hacía.

Un amigo que desconocía que había estado en la sesión me ofreció un cigarro. Cuando le contesté que, muchas gracias, pero que no me apetecía, me sentí orgulloso de mí. En ese instante rompí mis temores. De ese día y de todos los posteriores a reunirme con fumadores. Me sentía cada minuto, cada hora que pasaba sin fumar más satisfecho. Pensaba: «¡He hecho tal cosa o tal otra sin fumar y no ha estado mal!». Desde la sesión apenas me acordaba de un cigarro, y si lo hacía, no me apetecía fumármelo. A los nueve o diez días dejó de estar en mi cabeza. Y así llevo quince años.

No solo he aplicado en este libro mi experiencia, sino que he recogido las enseñanzas de todas las personas que han pasado por los cursos. Ciudadanos de a pie, como tú y como yo. He adaptado al libro un método que simplemente es el que mis clientes me han enseñado con sus vivencias en este mundo de cautiverio.

Un método distinto

Antes de continuar con mis vivencias, de cómo me liberé y del sistema que utilizo en mis cursos para dejar de fumar, permíteme que te hable de Jonas Salk.

Salk fue un médico investigador y virólogo estadounidense conocido por su aporte a la vacuna contra la poliomielitis. En 1953 la probó con un grupo de voluntarios entre los que figuraba él, su mujer y sus tres hijos. Salk estaba tan seguro de su prototipo de vacuna que se la inyecto a sí mismo y a su familia para así probarla.

En el verano de 2019 estaba con mi amiga Sandra en la playa presenciando una puesta de sol y me preguntó sobre este libro.

> —Ni siquiera he empezado —le contesté—. Me invade la duda de que vaya a cumplir las expectativas puestas en mí. Las mías propias y las de los demás. Lo único que hago es retrasar la idea.

—Hazte lector antes que escritor. ¿Por qué no empiezas a fumar y te quitas con tu propio libro? —me comentó Sandra entre risas.

—La cuestión es si podré transcribir un curso en un libro. Por muchos que haya impartido, no soy escritor.

—¿De qué tienes miedo, de escribir sin que se te entienda?

—En transmitirlo por escrito de una forma entendible. Además, en la charla provoco ganas de fumar y luego las quito para que vean que no existe el síndrome de abstinencia y después, por último, hacemos un ejercicio de visualización, ¿cómo voy a conseguir eso en un libro?

—Procura que sea entendido por todos. Fuma y obsérvate. Observa lo que siente un fumador y cuándo decide dejarlo. Los procesos y sus estados emocionales. Sus miedos e inquietudes. En cuanto a la visualización, enseña en el libro cómo hacerla.

—¡Qué fácil lo ves tú! —le dije.

—¡Sé lector antes que escritor! —me volvió a insistir—. Fuma, comprueba y siente lo que tus clientes te dicen. Transcribe las experiencias de un fumador y quítate con tu propio método. Escribe el libro y hazlo como si tú fueras un lector.

Sandra pidió un cigarro a una mujer que estaba junto a nosotros y me lo dio. Me sorprendí, pero lo guardé en la mochila. Mientras seguíamos presenciando la puesta de sol, solo tenía en la cabeza lo que me había dicho: «¡Fuma, comprueba, sé lector y abandona el tabaco con tu propio método!».

De regreso a casa continuaba pensando en la idea de fumar, de comprobar lo que se sentía otra vez, ya que prácticamente lo había olvidado, y de transcribir mi experiencia. Y de paso, la eficacia de lo que quería compartir. Sentir de nuevo y recordar lo que percibe un fumador, cuando fuma física y psicológicamente, y lo que experimenta al dejar el hábito.

«¿De qué tengo miedo? Lo voy a probar, voy a recordar cuando fumaba, a comprobar todo lo que me decían mis clientes y aplicar el método en mí», pensé cuando me fui a dormir.

A la mañana siguiente, al abrir los ojos me dije: «¡Allá voy!», y empecé a fumar. ¡Como lo lees! Empecé a fumar. A las pocas semanas parecía que no había estado más de quince años sin hacerlo. Lo hacía de forma compulsiva y automática. Al principio poco, pero en cuestión de días era igual que antes de aparcarlo quince o dieciséis años atrás.

Al mes y medio ya notaba los efectos nocivos en mi cuerpo. La tensión arterial aumentó, mi voz se volvió más ronca, tenía pitidos en la garganta al levantarme, me resfriaba más a menudo, tenía jaquecas, el colesterol subió, etc. Qué te voy a contar que tú no sepas.

«¡Esto es absurdo!», me decía una y otra vez. Todo fumador tiene un porqué, un para qué, un para quién quiere dejarlo, y yo tenía uno para fumar. Absurdo por completo, menos por una causa: me consolaba pensar que era por mis hijos, por aquellos a los que no pude ayudar y por obligarme a escribir el libro.

Viví en mí lo que es fumar sin sentido, me sentí de nuevo como un imbécil y me consolaba por el fin. Recordaba lo que me decían mis clientes cuando venían a los cursos y lo estaba comprobando en primera persona. Cuando te prohíbes o te lo prohíben, al reducir el consumo, cuando estás deseando llegar a casa para fumar, cuando los niños duermen o al beber alguna copa...

Había fumado un día más excusándome, había sentido la autoflagelación y sabía lo que realmente era el mono. La verdad del tabaco. Lo viví todo. Me observé y tomé apuntes. Me vi desde tu mismo lado y no desde un atril. Pretendía sentirme como si estuviera tumbado en el diván del despacho de un terapeuta. Conseguí ser cliente, fumador y lector. Me sentí como tú y me permití comenzar de nuevo mi libertad.

Después de casi dieciséis años sin fumar, interrumpí una etapa, y al terminar de escribir el libro comencé de nuevo a cuidarme en este aspecto. Empecé una nueva vida, o ciclo, porque realmente me cansé de fumar y porque continuar haciéndolo era un sinsentido. Y además, me sentía culpable.

> **Este es un método diferente a todo lo que estás acostumbrado. Hacer lo mismo que en otras ocasiones no te ha servido para nada. Lo sé porque mis resultados lo avalan y porque los asistentes a mis cursos me dicen que parece milagroso.**

El cerebro de un fumador

El cerebro es el órgano del cuerpo desde donde se controla todo. Gracias a la ciencia podemos diferenciar sus partes —como el lóbulo frontal, el temporal, el hipotálamo y la amígdala, entre otras— y sus funciones. Los avances en la investigación nos han dado un amplio conocimiento de cómo funcionan las neuronas, las células nerviosas, la parte emocional, la racional, la autónoma, etc.

El cerebro es la parte tangible y la mente la que no lo es. Las dos, aunque trabajen conjuntamente, desempeñan funciones distintas. En cuanto al hábito que nos ocupa, me resulta más fácil, para evitar entrar en un embrollo, centrarlo en la mente y simplificar sus funciones.

El consciente y el inconsciente son indivisibles e indisociables.

Y es imposible que funcione uno sin el permiso del otro.

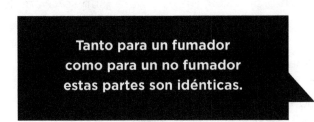

Tanto para un fumador como para un no fumador estas partes son idénticas.

El consciente es la parte lógica y racional. Es la que utilizamos para pensar, ver, oír, etc. La mente consciente es la que decide. La que nos permite tomar ciertas decisiones en determinados momentos. Procesa datos y aprende. Nos hace sentir. Es la pensante y ordenante. A esta mente la vamos a considerar como «tú». Y es con la que empezaste a fumar. Mientras que la mente inconsciente es donde se encuentra el instinto, la intuición, la supervivencia. Regula la parte autónoma y regulariza las funciones biológicas, como respirar o los latidos del corazón. Memoriza lo aprendido, los conocimientos y los recuerdos. Almacena las emociones e influye directamente en el comportamiento, incluso en aquel que nuestro consciente no quiere. Es decir en los que no quieras tú. Es la parte ilógica e irrazonable.

Esta parte no entiende si es real o no. Solo le interesan tu supervivencia y tus funciones biológicas, autónomas e involuntarias, las cuales coordina y regula. Con tu forma de hablar y de pensar le envías datos. Cuando recibe información la procesa, y, si esta se repite, la almacena, memoriza y mecaniza. Tu inconsciente la recibe de ti, ya sea visual, olfativa, sensitiva o de supervivencia, de hambre o de sed. Ya te beneficie o perjudique.

Seguramente habrás escuchado alguna que otra vez que somos como un gran ordenador que podemos programar a cada instante. En cierto modo es así. Somos como un ordenador. Un *hardware* y un *software*. La parte física y la interna. Una pensante y otra automática. El cuerpo y la mente. Estamos preparados para procesar información, almacenar, ejecutar tareas, etc., igual que un ordenador. Hoy ya hay versiones más pequeñas, como los portátiles, móviles, *tablets* o similares.

A tu inconsciente lo vamos a tratar como si fuera un ordenador en el que están alojados ciertos programas. Algunos ya instalados y otros que iremos instalando conforme los necesitemos o nos beneficien. Los que instalemos se alojarán por medio de repeticiones. Le pasaremos información, la procesará y él actuará como un ordenador. Pues es con tu inconsciente con la parte con la que sigues fumando.

Cómo funciona tu cerebro

Para entender mejor cómo es tu cerebro de fumador voy a ponerte unos ejemplos de determinadas conductas. ¿Sabías que solo con pensar en comida comienza el proceso digestivo? Si estás viendo una peli o leyendo un libro, y te vienen a la cabeza unas patatas fritas o un trozo de pastel, antes de que te dispongas a ir a la despensa empieza tu salivación. Solo con pensar en un pastel tus glándulas salivales se activan. Cuando lo introduces en la boca se produce la segregación de las papilas gustativas. La saliva facilita la descomposición del alimento para adquirir nutrientes y energía. Los ablanda y también sirve como lubricante. La lengua los empuja hacia el esófago ya triturados por la dentadura. A esa comida ablandada se la llama bolo alimenticio. El esófago conduce la comida hasta el estómago, que la tritura aún más con la ayuda de los músculos de sus paredes y los jugos gástricos. Así sucesivamente hasta completar el ciclo. Este proceso es como si fuera un programa informático. Se me olvidaba mencionar la función de la tráquea. Un tejido, la epiglotis, que cierra la abertura de esta impidiendo que entre en ella la comida, siga su camino por el esófago y así continuar respirando.

Todo esto sucede en nuestro organismo tan solo con pensar en comida. Se produce un sinfín de circunstancias con el único pensamiento de un pastel. Es como si estuviéramos llenos de programas que se coordinan al segundo o al unísono e interactúan entre ellos. Se concatena una serie de acontecimientos sin ser conscientes de ello. Tu cuerpo funciona de forma mecánica como respuesta a una información. En este caso, la de un trozo de pastel. Si pasados unos segundos abandonas ese pensamiento y te olvidas de comer, tu proceso digestivo se detiene. Has pensado en otra cosa, has desviado la atención, la apetencia desaparece y se suspende.

En el caso de este programa has tenido un pensamiento de comida. Le has dado una orden a tu inconsciente y este ha puesto un complejo proceso en funcionamiento.

Podría seguir hablando del sistema nervioso autónomo, del simpático, del periférico, de la espina dorsal y de otras funcionalidades y de la similitud con un ordenador, pero espero haberte hecho entender con este ejemplo lo que es un programa controlado por tu inconsciente con tan solo un pensamiento.

Según tu necesidad o comodidad vas ampliando la funcionalidad de tu ordenador. Le instalas varios y distintos programas para que te faciliten las tareas del día a día y para que te beneficien o te entretengan. Mientras cumplan su función continúas utilizándolos, pero si no te aportan nada o no los utilizas, los desinstalas, los eliminas o los mandas a la papelera de reciclaje. Si más adelante quieres rescatar alguno de ellos, con obtener la clave de una red wifi aparecerán otra vez en tu ordenador. Sin apenas darte cuenta los tendrás de nuevo a mano y empezarás a usarlos como si nunca los hubieras eliminado. Como dice un amigo informático, un programa nunca llega a desaparecer del todo del sistema operativo.

¿A qué me refiero al hablar de programas que instalamos en nuestro ordenador o en nuestro inconsciente? Te pondré otros ejemplos para explicarme mejor.

Cuando adquiriste conocimientos de la operación de sumar, tú recibiste los datos del profe. Él te dijo que uno más uno era igual a dos. Que el signo más significaba sumar y el signo igual te llevaba al resultado final. El profe te mandó tareas para que lo repitieras y a base de hacerlo lo aprendiste. Tu inconsciente recibió esa información, la memorizó, la almacenó y la automatizó. Así sucesivamente. Después aprendiste que diez más diez era igual a veinte. Tu inconsciente no sabía si uno más uno era dos. Le era indiferente si era cierto. Si le hubieras dicho que la suma era tres, lo hubieras aprendido, almacenado y mecanizado así. Él aceptó la orden de ti a base de repeticiones, de almacenar, y si era necesario, de mecanizar. Es como si hubieras tenido una conversación con él:

—Querido amigo, parece ser que estamos repitiendo números con el signo de una cruz entre ellos. La operación se llama sumar y hay que memorizarla.

Y tu inconsciente es cómo si hubiera dicho:

— ¡¡¿?!!

Nada. Él no hubiese dicho nada. Como me dijo una vez un cliente, le da igual ocho que ochenta. Tú le pasas la información, se la repites y él se encarga de automatizarla.

Cuando menos lo esperabas aprendiste de memoria la tabla del uno y continuaste con la del dos. A base de repetir le diste la orden de automatizar. Se creó y apareció una carpeta en la pantalla de tu ordenador o móvil con un programa, el de operaciones matemáticas. Conforme ibas aprendiendo, se fueron instalando subcarpetas con otros programas paralelos, como la tabla de multiplicar, dividir, etc.

Montar en bicicleta es otro ejemplo. Al principio darías pocas pedaladas seguidas, pero una vez conseguiste avanzar unos metros, parecería como si llevaras toda la vida montando en una. A partir de ahí se creó el programa de montar en bicicleta. El cual fuiste perfeccionando conforme ibas practicando. Montar en bici es un mecanismo automático, mecánico. Al montar en ella, tu cuerpo funciona solo.

Pero hay más, como nadar o conducir. Tienes carpetas en tu inconsciente con varias funciones. Al conducir lo haces de forma automática y mecánica. Puedes estar pensando en la lista de la compra o en el colegio de los niños, recordando o imaginándote un futuro mientras lo haces. Sin embargo, si tuvieras que frenar bruscamente, moverías los pies sin pensar en ello. De esta reacción se encarga el sistema nervioso simpático, que es el que ante una situación imprevista se activa junto con el locomotor, entre otros, y hace que reacciones sin pensarlo.

Como te decía que ocurre con el programa de sumar, algunas carpetas pueden contener otro u otros programas paralelos. Esto ocurre también cuando conduces un coche de marchas automáticas. La primera vez, como tu cuerpo funciona sin pensar en ello, tratarás de utilizar el pie izquierdo sin darte cuenta, pero a la tercera o cuarta reaccionarás y cortarás el gesto. A partir del momento en que lo haces consciente, tu inconsciente lo procesa, lo memoriza y ya no vuelves a hacerlo. Conducirás un coche automático, nunca mejor dicho, de forma automática. Algo inconsciente lo haces consciente.

Hay algunos programas que se pueden infectar de un virus. Amaxofobia, miedo irracional a conducir. Funciona, pero mal. Es como un parásito acoplado a la carpeta. Por norma general, las personas que padecen este tipo de fobia sufren de momentos, o incluso de días, de ansiedad antes de conducir. La mera idea de coger el coche ya les produce ansiedad. Anticipan un futuro angustioso que les provoca desasosiego con tan solo pensarlo. Con el pensamiento anticipatorio le dan una orden a su inconsciente. En este caso, de supervivencia, ante el peligro al que creen que van a enfrentarse. Sus niveles de estrés se disparan y reaccionan con inquietud.

Todos los programas que instalamos nos benefician o facilitan la vida. Montar en bici nos permite desplazarnos, ir a ver a nuestra pareja o amigos, hacer una actividad física con mayor y menor intensidad, contribuir con el medioambiente, ahorrar combustible, etc. En el caso de conducir, ahorramos tiempo en los desplazamientos, ya sean cortos o largos, nos resguardamos de las inclemencias, nos da independencia, etc.

La finalidad de cualquier programa es aportarte algo positivo, hacer que experimentes algún tipo de provecho mientras lo utilizas. Sin embargo, los hay que no cumplen con este fin y terminas encontrando otros mejores, de modo que dejas de usarlos. Yo, por ejemplo, tengo el de montar en bicicleta desde hace ya más de treinta y cinco años instalado y llevo sin usarlo unos veinte. Dejé la bici estacionada con la pata de cabra cuando me pude comprar una motillo, pero estoy seguro de que si volviera a coger una, con mayor o menor destreza, el programa seguiría ahí. Se actualizaría y podría volver a montar. Daría igual que lo eliminara, lo mandara a la papelera de reciclaje o lo dejara sin usar. Con tan solo montarme en ella volvería a manejarla.

> **Tu cerebro funciona igual que el de cualquier otra persona a la hora de crear una conducta, un hábito, un programa o una adicción.**

Tu programa de fumar

Cuando le diste tus primeras caladas a un cigarro apareció una carpeta sin nombre en tu inconsciente. Sin embargo, a la semana de estar fumando ya lo tenía. En ella se instaló un programa nuevo: «el de fumar».

¿Por qué te decidiste a dar esas caladas y creaste tu

programa de fumar? Posiblemente porque querías imitar a los mayores. Tal vez para sentirte guay como tus amigos, para conseguir un estatus social o porque viste a un vaquero fumando en un anuncio o en una peli y te moló. Para imitar a tu padre, para parecerte a tu primo o a tu vecina, para sentirte más hombrecete o mujercita, para relacionarte más fácilmente con los demás, para dejar de ser niño o empezar a ser mujer, o quizá por curiosidad.

Una vez iniciado, a base de repetir el gesto, tu inconsciente lo creó y como tal se automatizó. Como cualquier otro se volvió mecánico. Tu cuerpo comenzó a funcionar en modo automático sin apenas darte cuenta.

¿Y por qué continuaste fumando después de aquellas primeras caladas? Porque sentiste la aprobación de tu primo, de tu vecina o de tus amigos fumadores. Porque adquiriste un estatus y quisiste mantenerlo. Al verte un poco más adulto, te fumaste otro para volver a sentir lo mismo. Por estos motivos le diste una calada a tu primer cigarro y repetiste. Por estos motivos empezaste. Pero hay otros que tal vez no sepas. Con tus primeras caladas tal vez tosiste e incluso llegaste a marearte levemente. Con tu primer cigarro introdujiste humo a través de la garganta y del esófago hasta llegar a los pulmones. El cuerpo es inteligente y, al detectar este veneno, se puso a la defensiva. Tu inconsciente, sin que apenas lo apreciaras, hizo que se concatenaran un sinfín de sucesos en tu cuerpo, y con sus programas lo expulsó. Al hacerlo, te sentiste más altivo, motivacional, energético y socialmente activo. Cambió de manera positiva la percepción de tu autoimagen. Todo esto sentiste con tus primeras caladas en tus primeros días de persona fumadora, aunque tu recuerdo se haya perdido. Por lo tanto, entre querer mantener tu estatus social, parecerte a tu primo o a tu vecina, sentirte adulto y todas esas emociones, volviste a fumar.

Experimentaste unos beneficios al principio que te gustaron y repetiste. A base de repeticiones, buscando sentir lo mismo, se automatizó. A partir de la segunda o tercera semana desde que empezaste tu cuerpo funcionó sin pensar en ello.

Si cuando fumaste por primera vez no hubieses sentido nada, ni tan siquiera la aprobación de tus semejantes, tal vez no te hubieras fumado otro. Y si tampoco lo hubieras sentido en el segundo cigarro, hubiera sido poco probable que siguieras fumando.

> **La persona no es adicta
> a una sustancia.
> Es adicta a las emociones que
> le proporciona dicha sustancia.**

Sabemos que hay adicciones que no tienen que ver con ninguna sustancia, como son los juegos de azar, el trabajo, el deporte de riesgo, las emociones fuertes, las compras compulsivas, la dependencia a las relaciones tóxicas o al sexo, el hábito de morderse las uñas —la onicofagia— y otras más. Por lo tanto, una adicción depende de la conducta y de lo que nos hace sentir. Si la dependencia es a una sustancia, lo que sentimos cuando nuestro cuerpo libera ciertos químicos, como ocurre en el caso del alcohol, la marihuana, la cocaína, etc.

Hace algún tiempo me visitó David por una dependencia. Nada más sentarse en la butaca le pregunté por su adicción:

—Soy adicto a la cocaína —me contestó convencido y firme.

Después de hablar más de una hora sobre lo que sentía al consumirla, de por qué empezó y del motivo por el que mantenía su consumo, le pregunté de nuevo y me volvió a responder que era adicto a la cocaína.

Me acordé de que antes de acudir a la cita con David había comprado en una ferretería un candado que me hacía falta en casa. Lo cogí de la bolsa donde lo tenía y le dije:

—Si chupar este candado te proporcionara las mismas emociones y sensaciones que al consumir cocaína, ¿serías adicto a chupar candados?

—Pues no me importaría —me contestó sonriendo—. Más barato e inofensivo es. Por pequeño que sea duraría toda la vida. Sería un chupón.

David se dio cuenta de que era adicto a lo que le aportaba consumir cocaína. La sustancia le hacía sentir un estado de excitación y de grandeza. Su autoestima se regulaba al mejorar su autoimagen y, como consecuencia, le facilitaba relacionarse con los demás. Se sentía empoderado.

En el caso de tu adicción al tabaco podríamos decir que eres adicto a lo que te proporcionó un cigarro en tus primeras caladas, no a lo que te proporciona ahora. A pesar de que lo que sientes es «nada», ni tan siquiera algo parecido, sin tú saberlo estás buscando las mismas emociones que sentiste en tus primeras dosis de nicotina. Pese a todos los compuestos químicos y componentes tóxicos de un cigarro, por mucho que fumes, carece de sentido; ni tan siquiera por relajarte, aunque creas que sí. Ya no fumas para imitar a tu padre, ni por parecerte a tu vecino o a tu prima, ni por mantener un estatus social ni para regular tu autoestima. Y creo que tampoco lo haces por sentir una sensación adulta. Lo haces por un gesto automático, mecánico.

¿Por qué continúas fumando?

¿Y, además, inútilmente? Si abriéramos la carpeta donde está alojado tu programa e hiciéramos un esquema quedaría de la siguiente forma:

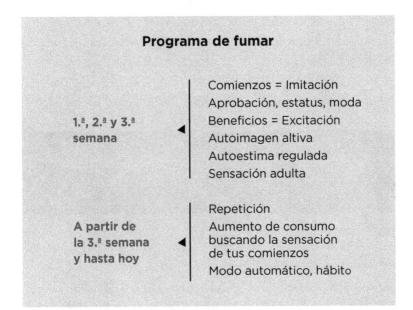

Programa de fumar

1.ª, 2.ª y 3.ª semana	◄	Comienzos = Imitación Aprobación, estatus, moda Beneficios = Excitación Autoimagen altiva Autoestima regulada Sensación adulta
A partir de la 3.ª semana y hasta hoy	◄	Repetición Aumento de consumo buscando la sensación de tus comienzos Modo automático, hábito

Así se creó tu programa. Con una perfección propia de uno informático. Insisto: en tus primeras semanas se creó ante un estímulo y una respuesta. Sentiste premio o recompensa. Al percibirlo, repetiste para conseguir lo mismo. Pasado un tiempo, dejaste de tener beneficio alguno y comenzó a ser un mecanismo automático e inconsciente a base de repeticiones con objeto de conseguir algo similar. Cuando fumas no sientes ningún beneficio; sin embargo, tu cuerpo funciona involuntariamente. Sin saberlo, cada vez que enciendes un cigarro estás buscando volver a sentirte como con tus primeras dosis de nicotina.

Deja de maldecir el día que empezaste a fumar y de sentirte un imbécil por ser adicto al tabaco. Es cierto que ahora el acto ni te ayuda ni te beneficia en absoluto. La respuesta es nula, pero no por ello tienes que martirizarte ni sentirte culpable. Cuando comenzaste quizá sí te facilitó la integración con tus amistades y contribuyó a una sensación de excitación y grandeza. Sí te gratificó.

¿Entiendes ahora por qué empezaste a fumar y el motivo por el que continúas haciéndolo? Lo haces de forma automática buscando sentir lo que te proporcionaron tus primeras dosis de nicotina.

> **De esta manera funciona el cerebro de un fumador, y por ello sigues fumando. Así, sin más.**

Antes, cuando hablaba de los programas informáticos, recuerda que te dije que si no te benefician ni te facilitan en absoluto tus días o tus tareas los podías desinstalar, eliminar, mandar a la papelera de reciclaje o, simplemente, dejarlos sin utilizar

En el caso de tu programa de fumar basta con no usarlo. ¿Para qué quieres eliminarlo o mandarlo a la papelera? Con una red wifi lo instalarías de nuevo. No lo utilices, igual que yo dejé el mío de montar en bicicleta hace ya años. Échale la pata de cabra y déjalo aparcado. Con eso es más que suficiente. Despreocúpate ahora de cómo no utilizarlo, que ya lo sabrás más adelante.

> Tu amigo inconsciente no sabe por qué o para qué quieres dejar el programa de fumar sin usar —la parte pensante eres tú—. Él es ilógico e irracional. Solo espera información de ti. Él no piensa. Necesita una orden tuya. En tu inconsciente está alojado el programa de fumar. De momento relájate, que al final del libro quedará en desuso.

Cambia tu forma de pensar

Antes de aprender cómo cambiar tu forma de pensar y de hablarte a ti mismo, voy a detenerme en una historia personal.

Con doce años aproximadamente tuve la suerte de vivir una temporada con mi abuelo. Por aquel entonces tenía el mal hábito de morderme las uñas. Una conducta en la que las manos se me iban solas a la boca sin darme cuenta. Cuando estaba inquieto o aburrido lo hacía sin pensar. Mi abuelo se dio cuenta de mi mala costumbre.

—Angelín —me dijo una mañana—, he visto que te muerdes las uñas. ¿Tú sabes que más sabe el diablo por viejo que por diablo?

No entendí nada, pero durante el resto del día, cuando iba a mordérmelas, me venía a la cabeza la imagen de mi abuelo y sus palabras —«¡He visto que te muerdes las uñas!» y «¡Más sabe el diablo por viejo que por diablo!»—. Aun así, me las seguía mordiendo.

Al día siguiente en el colegio ya había olvidado por completo lo que me había dicho y continué con mi mal hábito. Al llegar a casa después de clase él estaba sentado en su sillón. Cuando me dispuse a mordérmelas de nuevo, escuché una firme y ronca voz detrás de mí:

—¡LAS UÑAS! —Mi mano no llegó a alcanzar la boca. Se paró en seco. Creo recordar incluso que me la llegué a guardar en el bolsillo.

El sábado de esa misma semana por la mañana, al despertar, vino a mi habitación y se sentó a los pies de la cama:

—¡Estoy muy orgulloso de ti! ¿Ayer te mordiste las uñas? —me preguntó.

El resto del día, cuando iba a morderlas, me acordaba de él y de su «¡Shisssssssss, las uñas!».

El domingo mi padre le pidió que me llevara a ver una competición de judo a un centro deportivo cerca de donde vivíamos. De camino mantuvimos una conversación:

—¿Qué pasa, Angelín? Estoy muy orgulloso de ti. Ayer no te mordiste las uñas. Respóndeme a una pregunta: ¿para qué te las muerdes?

—Abuelo, yo ya he dejado de hacerlo.

—La pregunta ha sido otra. Te he preguntado para qué te muerdes las uñas.

—Abuelo, pues...

—Contéstame, por favor.

—¿Que para qué me las muerdo? Pueees, abuelooooo...

—Es suficiente con que hoy no te las muerdas. Mañana, cuando se te vayan las manos a la boca, pregúntate de nuevo para qué te las muerdes. Acto seguido piensa en otra cosa y recuerda el poco o ningún trabajo que te ha costado estos días. Habrás notado que desde la primera vez que lo paraste sin dificultad, ha sido más fácil. Además, si te gusta el judo y decides apuntarte, los dedos y las uñas estarán más fuertes para coger la solapa del contrincante.

Ya no hablamos más del tema. Pero de regreso a casa, después de la competición, no se me iba de la cabeza su pregunta —«¿Para qué te muerdes las uñas?»—. El resto del domingo mi mano se movió muy poco y el lunes prácticamente ni me acordé.

—¿Te gustó ayer el judo?, ¿te apetecería apuntarte? —me preguntó mi madre mientras terminaba de preparar la comida al regresar del colegio—. Por cierto, me ha dicho tu abuelo que está muy orgulloso de ti.

Semanas después, si me encontraba absorto en mis cosas, inquieto o sin hacer nada, y me volvía a echar los dedos a la boca, ahí aparecía la voz de mi abuelo: «¡Shisssssss, las uñas!». Jugando a la pelota en la calle, en la habitación contigua o en la cocina, lo escuchaba en mi cabeza: «¡LAS UÑAS!».

> **Sigmund Freud defendía que la meta de toda terapia es hacer consciente aquello que es inconsciente para uno.**

Sin que me diese cuenta, mi abuelo hizo que cambiara la forma de pensar. Un gesto inconsciente se hizo consciente. En las semanas siguientes, cuando veía a un niño o a un adulto mordérselas, me preguntaba que por qué lo hacían y para qué me las mordía yo.

La orden imperativa de dejar de fumar

Cuando en los cursos llega la parte donde los asistentes expresan los motivos por los que quieren dejar de fumar, siempre les digo lo mismo:

—Vamos a mantener una corta conversación con nuestro amigo el inconsciente. Permitíos ahora comunicaros con él. ¿Cómo os gustaría hacerlo: con mensajería instantánea, con un correo electrónico, con una llamada o con una carta? Utilizad el medio que consideréis oportuno. Cerrad los ojos y hacedle saber que queréis dejar de fumar. Que vais a dejarlo. Incluso hablad del porqué y de para qué queréis hacerlo.

Entonces les dejo unos minutos para que mantengan una charla con su amigo. Luego les pido que se despidan de él con un hasta luego y que abran los ojos despacio, y después comentamos ese diálogo todos juntos.

El mensaje que algunos le dan es de enfado, de impotencia, de lucha, de prohibición, de obligación, de promesa y, sobre todo, de miedo a sufrir. De enfado debido a una enfermedad producida por el tabaco, a sentirse como unos imbéciles o por el sentimiento de culpa. De obligación y de prohibición, o viceversa. De impotencia y desprecio al haberlo intentado otras veces sin éxito. Sin palabras, pero los latidos del corazón expresando angustia, es una forma de decirle al inconsciente los temores a sufrir mientras lo dejaban o a fracasar.

En una de esas sesiones algunas personas que recuerdo bien expresaron sus motivos. Una muchacha que había intentado quedarse embarazada varias veces prometió que si el test salía positivo, ella dejaba de fumar. Cuando acudió al curso estaba de una falta. Tenía que cumplir su promesa sí o sí. Me llegó a confesar en el descanso que temía incumplirla y, como consecuencia, que el embarazo quedara sin efecto. Su conversación había sido con Dios.

Un hombre prometió a su hijo que lo dejaría a cambio de que él mejorara las notas. Su preocupación era otra distinta al tabaco. Una mujer dijo que quería dejar de fumar simplemente porque quería. Otros ansiaban servir de ejemplo. Hubo una pareja que había decidido dejarlo a la vez y así apoyarse mutuamente. Y algunos que deseaban solo encontrarse bien. Los que rondaban los cuarenta tenían claro su objetivo: mantenerse lo más sanos posible hasta el final de sus días.

—Yo no sé por qué quiero o tengo que hacerlo, solo sé que para qué seguir fumando. Estoy cansado —fueron las palabras de la gran mayoría.

—¡Deseo que el tabaco pase a ser historia! —manifestó otra señora después de escuchar decir esto a sus compañeros—. ¡Quiero descansar! ¡Quiero dejar de arrastrarme! ¡Quiero liberarme!

Los que tan solo querían encontrarse bien y mantenerse, los que se preguntaban para qué continuar fumando y esta señora que deseaba que fuera historia, que estaba cansada, fueron los más sensatos a la hora de hablar con su amigo el inconsciente. El resto que prometieron, se obligaron, juraron, se prohibieron, demostraron amor o esperaban un milagro se estaban preparando sin saberlo para una ardua batalla. Una feroz lucha para dejar de fumar.

Da igual que tengas una conversación con palabras, con expresiones o que el corazón parezca que lo tienes en la garganta. El inconsciente no es lógico y hará lo que tú le digas. Aceptará una orden tuya sin saber si es buena o no. Si le dices que se prepare para luchar, lo hará; y, además, días antes.

El cordobés Fernando Alberca de Castro, licenciado en Filosofía y Letras, director durante trece años en diferentes centros educativos, es considerado por varios organismos internacionales, publicaciones especializadas y medios de comunicación como uno de los mayores expertos en educación del mundo. Colaborador de programas de televisión, radio y prensa en nuestro país y de muchos del extranjero, y autor de numerosos libros entre los que se encuentran *Todos los niños pueden ser Einstein* y *Adolescentes, manual de instrucciones,* dijo en una conferencia que la edad de los adolescentes se había alargado hasta casi los cuarenta años y que en determinadas conductas no dejaban de serlo nunca. También aseguró que a un adolescente con tan solo preguntarle cómo le va la vida le era suficiente. Sería la conversación más larga y fructífera que podríamos tener con él.

Te propongo cambiar tu conversación, sea cual sea el motivo para dejar de fumar, y hacerlo como aconseja Fernando Alberca con un «¿Qué pasa, tío? ¿Cómo te va la vida? ¿Para qué continuar fumando?». Y ya está. ¿Para qué más? No ha sido un diálogo hostil, amenazante, de prohibición, de obligación ni de meta. Ni tan siquiera ha demostrado temor. Olvídate del porqué y para qué quieres dejar de fumar. Despreocúpate de por quién tienes que hacerlo.

La mayoría de los fumadores tienen un motivo y si no, lo buscan, pero haz un esfuerzo y quédate solo con esta pregunta: «¿Para qué continuar fumando?». No cometas el error de contestarte. Posiblemente te vuelva a venir a la cabeza el porqué, el para qué o el para quién quieres dejarlo. Lo mejor para evitar esto es ni tan siquiera contestarte «Para nada».

> **«¿Qué pasa tío? ¿Para qué continuar fumando?».**
> **Ni pienses ni te digas nada más. De este modo**
> **ya habrás cambiado tu forma de hablarte.**

Tu amigo el inconsciente necesita una orden imperativa. Da igual de la forma que se la des. Con tu manera de pensar lo estás haciendo, con los latidos de tu corazón lo estás expresando. Con enfado se la propinas. Si te prohíbes o te prohíben fumar se la facilitas. Si es ante la posibilidad de pasarlo mal, hará que tu cuerpo reaccione con un mecanismo de defensa natural: estrés ante un peligro. Tú reaccionarás con ansiedad, incluso antes de tiempo.

> **Tu inconsciente es como un joven adolescente.**
> **Tan solo pregúntate. No te contestes nada. Deja**
> **la pregunta en el aire. «¿Para qué continuar fumando?». Con este simple gesto ya ha empezado**
> **a cambiar tu forma de pensar y de escucharte.**

2.

Resolviendo dudas

2.

Resolviendo dudas

¿Cómo será tu nueva vida de exfumador?

El tiempo de un cigarro

Cuando empieces tu libertad sin tabaco vas a poder recuperar mucho tiempo. Recuperarás el que utilizabas en un cigarro y los minutos de antes y después. Si tardas en fumar uno entre cuatro y cinco minutos, debes añadir los previos y los posteriores.

Actualmente está prohibido fumar en lugares públicos, cerca de instituciones, centros educativos, parques infantiles, zonas deportivas..., y claro está en espacios cerrados con el objetivo de proteger a los fumadores pasivos. Un 20% lo hacen en su hogar o trabajo, y el 80% restante se aleja de dichas zonas unos metros. Dependiendo del trabajo, institución o lugar adaptado, los fumadores se desplazan —o te desplazas— a más o menos distancia. Mientras vas y vienes consumes unos minutos antes y después. Si es en horario laboral o en un sitio cerrado, sales a fumar, ya sea a la calle o al lugar adaptado para ello, como un balcón o un jardín. Si lo haces en casa y no te gusta dejar olor a tabaco, ensuciar o molestar a los que conviven contigo, sales a la terraza o lo haces junto a la ventana, incluso en la cocina debajo del extractor. Por lo tanto, si para fumarte un cigarro necesitas desplazarte, aunque sea solo unos metros, los minutos destinados a ello aumentarán.

Cuando imparto un curso, los asistentes fuman en el descanso. Mientras salen a la calle, se fuman su cigarro, entran después de su descanso, se incorporan de nuevo a sus asientos y reanudamos la charla, han utilizado o gastado entre doce y quince minutos.

Si recuperas de golpe todo ese tiempo malgastado, entrarás en una especie de desorientación psicológica. Reconquistarás por cada cigarro de cuatro a quince minutos cuando estés sin fumar y esto te llevará a estar inquieto. No por haberlo dejado, sino por esa mínima confusión que conlleva. En tu estructura de quehaceres diarios hay unos intervalos que dedicas a un cigarro.

> **El cerebro tiene la facultad de tener un reloj interno y en él hay unos espacios adjudicados al hábito de fumar.**

Estos, por pequeños que sean, harán que tus niveles de cortisol, la hormona del estrés, aumenten considerablemente, lo que te podría llevar a picotear o a estar de mal humor. Es normal temer que lleguen esos momentos, pensando que vas a tener ansiedad, pero si supieras cómo evitarla, ¿la tendrías? Seguramente preferirías hacerlo sin apenas darte cuenta. Para evitar hacerlo de golpe lo mejor que puedes hacer es no recuperar el tiempo implícito de un cigarro.

Que fácil es decirlo, ¿verdad? Te lo explico de otra forma. Si te desplazas a fumar al lugar habilitado, al balcón o a la cocina, continúa haciéndolo a partir del momento que comiences el nuevo ciclo. Sigue dirigiéndote a tu sitio habitual en tu nueva etapa. De esta manera no notarás esa desorientación con su estrés.

La hora del descanso

Si acostumbras en horario laboral a parar unos minutos y ya de paso fumarte un cigarro, continúa haciéndolo. Y si cuando estás cansado aprovechas para fumar, sigue descansando, pero con tu programa sin abrir.

Si sales y coincides con algún compañero o conocido y te da apuro estar allí con tu excusa perfecta para descansar de un cigarro y detectan que estás sin encenderlo, guárdate el secreto de que has dejado de fumar. Puedes decir, por ejemplo, que al llegar te has puesto a pensar en tus cosas y se te ha ido de la cabeza. En poco tiempo podrás decidir por ti sin que lo haga un cigarro.

> **La primera vez que salgas con tus compañeros o vayas al lugar habilitado y estés sin fumar, se romperá tu temor a reunirte con fumadores.**

Y lo harás sin apenas apreciarlo. Reducirás la cantidad de veces que te desplazas y en las dos primeras semanas lo habrás recuperado prácticamente.

Momentos de aburrimiento

La definición de «aburrimiento» según la RAE, la Real Academia Española, es: «Cansancio del ánimo originado por falta de estímulo o distracción, o por molestia reiterada». La Asociación Española de Psiquiatría Privada (ASEPP) mantiene que el estrés y lo que llamamos comúnmente «aburrimiento» causan síntomas parecidos. La inactividad es tan nociva para el ser humano como el estrés por exceso de acción. Estos síntomas alteran los circuitos cerebrales hasta modificar los que tienen que ver con el sueño y la ansiedad.

Diferentes encuestas afirman que el 30 % de las personas que fuman lo hacen por aburrimiento. Esto les genera la necesidad de tener algo en las manos y les ayuda a no tener una sensación de inquietud.

Si es cuando esperas a tu pareja o a tu hija a que salgan del trabajo o el instituto, lo tienes fácil para entretenerte. Hoy en día casi todos tenemos móvil, o puedes aprovechar para hacer un sudoku o leer un libro. Y si sigues con la sensación de que te falta algo, ¿por qué no tener el paquete de tabaco en la mano?

Mientras repasaba el borrador del libro me encontraba en pleno confinamiento debido a la COVID-19. Cuando pasamos a la fase uno, recibí numerosas llamadas de gente que quería dejar el tabaco porque habían aumentado su consumo considerablemente. Al cambiar su día a día, recuperar tiempo y disponer de él, les había hecho fumar más.

Si dispones de mucho tiempo libre, si estás inactivo, desmotivado o con ánimo de hacer poco, y lo ocupas en fumar para entretenerte, motívate, deja la inactividad y muévete. Ahora es cuando debes hacer lo contrario a lo de todos los días. Organízate las horas cuando comiences tu nueva vida con actividades y *hobbies*. Si tu vida normal significa para ti permanecer en la desgana, haz cualquier cosa para cambiar esto y que te sientas útil y realizado. Apúntate a un *gym* o una academia de baile, por ejemplo. Mantente en forma, mantén entretenida tu mente y ya de paso empieza otro capítulo de tu historia no escrita sin cigarro que te haga compañía. Evita el aburrimiento.

Principal causa para estar de mal humor

El mal humor es una cuestión que preocupa sobre todo a los que te rodean cuando saben que quieres dejar de fumar. Te lo habrás notado cuando en otras ocasiones has intentado o has dejado de hacerlo. Uno de los motivos es el que hemos hablado antes, recuperar el tiempo que le dedicas a un cigarro; y otro es el temor de que llegue ese momento o ciertas costumbres sociales. Si crees que es mejor para ti recuperar de golpe el tiempo ante el pavor que te supone enfrentarte a ciertos momentos, si crees que es mejor recuperar esos intervalos que utilizas en un cigarro y hacer algo para no aburrirte, tendrás que aguantar como un jabato. Continúa evitándolos, recupera el tiempo y ten ansiedad. Si consideras o crees que tienes síndrome de abstinencia, sopórtalo como un campeón. Resiste, ármate de genio y combate el mal humor.

Estarás irascible e irritado. Para evitarlo, no reconquistes el espacio que tenías destinado a un cigarro. De lo contrario nadie se acercará a ti. Ni tan siquiera tú te vas a soportar.

En el libro descubrirás otras posibles causas para estar de mal genio. Aunque ya te adelanto que todo lo que te suponga tiempo muerto, aburrimiento o temor es una probabilidad de estar inquieto, con el humor por las nubes. Como dice mi madre, estarás a la cuarta pregunta.

Si nunca has intentado dejar el tabaco y has escuchado o te han aconsejado que es bueno ocupar el tiempo que utilizas fumando realizando otras cosas, olvídalo. Haz exactamente lo que hacías cuando fumabas, pero con tu programa sin utilizar.

> **Ocupa los espacios de tiempo destinados al tabaco de la misma forma que lo has hecho hasta ahora. Estos se rellenarán poco a poco y sin apenas apreciarlo tu vida será distinta. Recuerda cambiar la manera de hablarte. Pregúntate para qué continuar fumando y deja la respuesta en el aire.**

¿Qué va a ocurrir después de tu último cigarro?

Este apartado va a ser un poco extenso e intenso. Incluso tal vez comiences a dudar. Pero es primordial, ya que ayuda y evita sufrimiento innecesario. Lo que intento transmitirte es una base importante para no padecer por cosas innecesarias. Se puede aplicar a tu día a día, a tu forma de pensar y, cómo no, para abandonar el hábito o para dejar tu programa de fumar sin utilizar.

Todos tenemos costumbres y rutinas, y algún evento

concreto o esporádico. Por ejemplo, yo soy el encargado en casa de sacar la basura y de pasear a mi perrita Cuca. Casi todos los viernes tengo tertulia con mis amigos delante de unas cervezas. Tomo café a diario por las mañanas y alguna tarde que otra. Tengo algún primo que se ha unido o se unirá en matrimonio o una sobrina que hará la primera comunión. Juego un partidillo de pádel y camino a paso ligero tres o cuatro veces a la semana. Trabajo, leo la prensa y algún libro, veo algún programa de televisión o una peli, ojeo internet y las redes sociales. Cuando viajo utilizo el coche, alguna vez el tren y otras el avión. En definitiva, unas costumbres que en la mayoría de los casos están programadas o estructuradas. Todos las tenemos, lo que no implica un tiempo destinado a fumar. Lo haces mientras realizas ciertas tareas. En una reunión con tus amigos, tomando café en casa, paseando, leyendo un libro, etc. Si tú eres, por ejemplo, el que saca la basura o pasea al perro todos los días y dejas de hacerlo, ¿qué vas a hacer cuando recuperes ese tiempo? Se dispararán tus niveles de estrés y este aumentará muy pero que muy mucho. Estarás inquieto y de mal humor. Como dice mi padre, serás un culillo de mal asiento. Aquí tienes otra posible causa por la que puedes estar malhumorado por recuperar ese tiempo.

Creo que ahora sí me he explicado, aunque haya sido muy escueto en cuanto a recuperar los espacios que utilizas en tus quehaceres, hábitos o costumbres, en los cuales lleva implícito un cigarro.

No dejes de hacer lo habitual ni evites, elimines o alteres el orden de ninguna situación, evento o quehacer diario. Así tu vida después de terminar el libro será distinta, aunque no diferente. Cuando acabe tu primer día sin fumar te darás cuenta de que no ha ocurrido nada insólito, exceptuando que puedes hacer lo de siempre, pero sin ningún pitillo.

Las dudas de cualquier fumador

Toda persona fumadora que quiere dejar el tabaco tiene incertidumbre sobre qué ocurrirá después de su último cigarro, o mejor dicho, de lo que sucederá en el proceso de deshabituación tabáquica. Es normal que tengas dudas. Pero hay algo muy importante en esto y es la anticipación de un hecho o acontecimiento cuando todavía no ha sucedido. Aunque sea costumbre en ti, lo que está por llegar es considerado futuro.

Alguna vez me he saltado mi café de las mañanas. Me he perdido varias tertulias. Mi perrita Cuca se ha quedado sin su paseo. He tenido que anular visitas en el trabajo o me he retrasado al llegar. Alguna noche he dormido mal. He pinchado una rueda del coche o se ha quedado sin batería. He llegado a perder un vuelo de regreso a casa. Juré amor hasta que la muerte me separara y al tiempo rompí mi promesa por no morir en el intento.

Algo programado puede ser que no se materialice o que no suceda. Vivimos pensando en lo que pasará más tarde con la certeza de que va a ocurrir. A nadie, por regla general, nos da por sospechar que tal vez no acontezca.

¿Quién iba a imaginar con los avances de la ciencia y la medicina que tenemos hoy que la COVID-19 podía cambiarnos la vida, nuestra economía o nuestro futuro? Todos nuestros proyectos se paralizaron, y si no, se modificaron. Todo lo que teníamos planeado hacer, de la noche a la mañana se truncó.

Las definiciones de «futuro» que proporciona la RAE son las siguientes: «Que está por venir y ha de suceder con el tiempo», «Que todavía no es pero va a ser», «Tiempo que vendrá», «Tiempo que sitúa la acción, el proceso o el estado expresados por el verbo en un punto posterior al momento del habla». Nos vienen como anillo al dedo con la forma de pensar que utilizamos a la hora de dejar de fumar. Estas explicaciones son perfectas para ti al creer que tendrás síndrome de abstinencia con toda su sintomatología física. Con toda su inquietud. Un desasosiego en una acción o acciones determinadas sin un cigarro que no ha llegado aún. Un síndrome de abstinencia que sin saber si existirá, tú aseguras que sí.

Antes de seguir con lo que llamas «mono», el cual crees que sentirás, pregúntate si estás seguro de que tomarás café mañana. Es futuro y, como tal, está abierto a distintas o varias posibilidades. Supuestamente tomarás unas cervezas con tus amigos el viernes. ¿Llegarás a la hora prevista? ¿Sucederá aquello que tienes planeado? ¿Es firme el paseo diario del perro? Quizá mañana vayas al trabajo. Seguramente que el domingo vayas a la comunión de tu sobrina. ¿Estás seguro de que vas a ir a la boda de tu primo?

Futuro es el mes que viene, la semana próxima, mañana y dentro de diez minutos. Lo que está por venir, aunque sea en cinco segundos, ya es futuro. Muy presente, pero lo es. ¿Tendrás mono en cualquier momento que esté por venir? ¿No te da por dudar?

Una duda en sí misma afecta a una creencia o pensamiento y sitúa el futuro en algo incierto al encontrarse abierto a varias probabilidades.

> **El dudar hace que nos detengamos
> y que sopesemos. Se detecta que,
> posiblemente, no fuera tan cierto aquello
> por lo que padecemos en el presente.
> La duda diluye y desintegra cualquier futuro.**

Desconfía o recela de todo lo que esté por venir. Sospecha a cada instante de lo que puede suceder. Si todavía no ha sido, ¿por qué tiene o ha de ser?

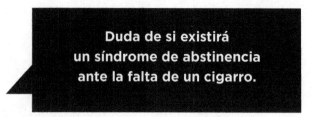

**Duda de si existirá
un síndrome de abstinencia
ante la falta de un cigarro.**

Al llegar a esta parte en los cursos pido un cigarro a cualquier asistente, lo sostengo en la mano y le hago algunas preguntas:

—Son las seis y veinticinco, ¿puedes coger este cigarro a las seis y cuarto?

—No —me responde—, porque ya han pasado diez minutos.

—Diez minutos antes ya es pasado. ¿Puedes cogerlo ahora mismo? Cógelo, por favor, «ahora».

Cuando lo hace le pido que me lo devuelva. Y cuando de nuevo lo tengo, con la mano abierta, lo coloco al alcance de la suya y le vuelvo a preguntar:

—¿Puedes coger este cigarro en tres segundos?

—Por supuesto.

—Cógelo, por favor. Uno, dos y...

Al alargar su mano cierro la mía, lo aplasto y lo tiro a la papelera. Los compañeros sonríen y asienten con la cabeza.

—¡Claro! Si no me has dejado, ¿cómo lo voy a coger? —dice.

—Dentro de tres segundos es futuro. Lo habrías cogido si no hubiese cerrado la mano. Tal vez lo hubieras cogido más tarde, aunque fuera inútil, porque estaría inservible, y aun así, nunca en el tiempo previsto. O si lo hubiera tirado por la ventana, posiblemente se habría perdido.

Duda de todo lo que esté por venir. Desde tomar un café a la mañana siguiente hasta la tertulia con los amigos. Si llegará lo previsto, si tendrá lugar o ha de suceder, si tirarás la basura o sacarás al perro a pasear, lo que comerás mañana o dentro de tres días, aunque ya tengas la comida preparada.

El temor a la hora del café o la cerveza

Empieza sospechando que llegará la hora, y si llegara, hazlo y no te prives. Cuando pienses en el café del día siguiente, te propongo una conversación contigo mismo:

«Mañana a la hora del café... lo tomaré, ya que es habitual en mí, pero... de aquí a mañana no lo sé. ¿Y si llegara la hora de tomarlo? ¿Y si llegara el momento de sacar la basura o de pasear al perro? Lo haré, tal vez. Cuando llegue la boda de mi primo... ¡Y yo qué sé! Cuando llegue la comida de empresa... ¡Pero qué sé yo! ¿La comunión de mi sobrina?... ¡Yo qué sé lo que va a pasar! ¡Es futuro! A la hora de una cerveza o una copa de vino... ¡Yo qué sé si llegará! Y si llegara, no sé si tendré ganas de fumar».

¿Por qué después de algunas palabras hay puntos suspensivos? Porque con tus expresiones o con los puntos suspensivos estás afirmando la incertidumbre a que lleguen esos momentos y estés sin un cigarro. Anticipas un hecho, un acontecimiento. Y si te faltara, crees que padecerás. Te aterra que llegue una costumbre, no tengas un cigarro y te entre mono. Que llegue la hora de un café, una cerveza, una tertulia o una reunión de trabajo, que estés a solas o en compañía, y tengas mono. Dúdalo.

Te hago una pregunta para seguir con mi costumbre: ¿estás seguro de que sufrirás síndrome de abstinencia cuando lleguen esas rutinas habituales en ti? ¿Estás seguro?

Todos hemos experimentado miedo, ansiedad, furia y agresividad en alguna ocasión. Nuestro cuerpo tiene la capacidad de reaccionar ante una situación que se presenta de huida, de lucha o un imprevisto, como cuando estás conduciendo pensando en tus cosas o charlando con el copiloto y de repente el coche de delante frena bruscamente. Ves las luces rojas y tú también frenas sin pensar en ello.

Si estuvieras caminando y te encontraras de pronto en una situación de peligro, se dispararían tus niveles de estrés en un instante. Tu cuerpo se posicionaría en modo automático para la lucha o la huida. Tu ritmo cardíaco, presión arterial y oxígeno en sangre aumentarían, tus músculos se endurecerían, tu capacidad de reacción se acrecentaría y tus sentidos, como el olfato, la vista y el oído, llegarían a su máxima expresión. Todo esto y más ante una situación imprevista. Tu cuerpo reacciona al segundo.

¿Y si la noche anterior alguien te asegurara que mañana cuando salieras a caminar te ibas a encontrar con una situación peligrosa? Tu cuerpo también reaccionaría al instante. A menor escala, pero de la misma forma.

Nada más enterarte del acontecimiento futuro de encontrarte ante un peligro entras automáticamente en modo alerta. Con un pensamiento, tu inconsciente te prepara. Tu temor, que se expresa con ansiedad, ya está presente en ti. En menos de un segundo ya estás inquieto y listo. Es como si hubieras puesto agua a hervir en una cacerola y se calentara poco a poco esperando llegar al punto de ebullición. En la época del gran filósofo Séneca, cuando aún no se daba nombre a la ansiedad ni había ciencia psicológica, ya se hablaba de ella.

Séneca, en un fragmento de su obra *Cartas a Lucilio*, dijo: «Lo que aconsejo es que no seas infeliz antes de la crisis; tal vez los peligros ante los que palideces nunca te alcancen. Ciertamente aún no han llegado». A esto agregó: «Tenemos el hábito de exagerar, o de imaginar, o de anticipar el dolor. Estamos enfermos de futuro».

Lo que tú tienes en la cabeza es: «Cuando llegue la hora de tomar café... voy a tener mono. Porque, claro, el cigarro... lo tengo asociado al café. En la reunión de los viernes con mis amigos... me darán ganas de fumar seguro. ¡Obviamente!, yo soy un fumador social y, como tal, lo voy a pasar fatal. En la comunión de mi sobrina...

todo el mundo allí de copitas, fumando, y yoooooo con un monazo».

Anticipas un futuro ansioso cuando aún no ha llegado.

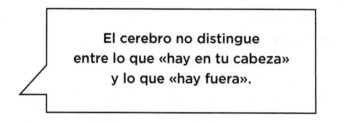

**El cerebro no distingue
entre lo que «hay en tu cabeza»
y lo que «hay fuera».**

Es importante que comprendas que nuestra forma de pensar en momentos futuros puede resultar estresante. Anticipamos una situación que tendremos que resolver. La posibilidad venidera inunda el cuerpo de adrenalina y de otras hormonas. Cuando percibimos una amenaza, entramos al instante en alerta. En un estado agudo de anticipación, esperando a que ocurra algo potencialmente perjudicial. Y lo hacemos con tan solo un pensamiento. Siempre que adelantamos la posibilidad de enfrentarnos a un futuro estresante, el cuerpo experimenta ansiedad aguda incluso antes de que el suceso tenga lugar.

El cerebro no distingue entre un pensamiento y una situación real. Ante esta el organismo reacciona al instante, y ante un pensamiento futuro también, en menor escala, pero lo hace. Igual que comenzamos a segregar saliva pensando en un trozo de pastel cuando aún no lo hemos visto —recuerda el apartado «El cerebro de un fumador» y los programas que mencionaba—, ante una circunstancia venidera angustiosa o agobiante los niveles de estrés aumentan progresivamente a medida que se aproxima dicha situación.

Todo esto está genial para dejar de fumar. Si crees que vas a tener ansiedad en algún momento concreto, la tendrás, ya que tu cerebro lo considera real. No diferencia entre el ahora y el después. Es futuro y es incierto, sin embargo, sufrirás sin ninguna prueba fehaciente de que suceda. Padecerás angustia en el presente. Empezarás a sentirla desde el minuto uno e irá aumentando de manera gradual. En definitiva, estarás inquieto de que llegue la hora de levantarte por las mañanas, de tomar café, de ir al trabajo o de quedarte en casa, de pasear, de una tertulia en una tarde de un frío domingo, de una cerveza o de tu reunión de los viernes, de la comunión de tu sobrina o del enlace matrimonial de tu primo. Temerás presenciar una puesta de sol o mirar las estrellas, comer, incluso de hacer el amor, estar en soledad y tener compañía. Te inquietará estar sin tu cigarro mientras pasas lo que tú crees que será el mono. Otra posible causa para estar de mal humor con tu irascibilidad. Desconfiarás de poder hacer una vida normal al pensar en tu ansiedad. Solo con creer que no disfrutarás de la compañía de un cigarro ya la tienes. Ya sientes estrés con el pensamiento y, cuando llegue ese acontecimiento, tus niveles estarán en su punto más álgido. «¡Mejor lo dejamos para mañana!», puede que pienses.

Imagina que este capítulo lo depositáramos en una coctelera y la agitáramos. Saldría un cóctel con este sabor: en tu inconsciente todo es una ilusión. Mañana y hoy es lo mismo para tu cerebro. El pensamiento futuro de ansiedad ante la falta de un cigarro hace que sufras en el presente. Aún no ha sucedido ni ha sido, sin embargo, ocurre en tu cabeza. Por lo tanto, incluso sin síndrome de abstinencia, tú lo consideras real.

Qué poderío más grande tiene
la duda que afecta a una creencia.
La duda que disuelve un futuro ansioso
y deja de ser obvio un síndrome
de abstinencia que has de sentir.
Que convierte una ansiedad que
consideras certera en falsa.

De momento duda constantemente. Cuando digo de momento me refiero a que dejes en cuarentena todo aquello que pudiera suceder en tu vida. Desde tomar café a llegar al lugar y a la hora prevista. Desconfía de lo que sea futuro por muy presente que parezca. Reflexiona si tendrá lugar aquello que pudiera ser.

Adicción a la nicotina

Como comenté en la introducción, soy mucho de preguntar y de tirar del diccionario. En este apartado voy a seguir preguntando y tirando de él para no perder la costumbre.

«Síndrome de abstinencia», también según la RAE, o como llamamos coloquialmente, «mono»: «Conjunto de trastornos provocados por la reducción o suspensión brusca de la dosis habitual de una sustancia de la que se tiene dependencia». Interpreto que es una sintomatología ansiosa o angustiosa provocada ante la falta o carencia de nicotina, y que desaparece al consumir otro cigarro. ¿A partir de qué momento el cuerpo necesita consumir nicotina? ¿Cuántos minutos u horas se mantienen los tóxicos en la sangre? ¿Cuándo o cuánto baja el nivel de nicotina, benceno, cadmio, monóxido de carbono, alquitrán —y así, hasta las más de mil sustancias en sangre— para necesitar consumir de nuevo un cigarro?

Las causas

Por más que busco, rebusco, consulto apuntes y leo en las asociaciones, como la Española Contra el Cáncer (AECC), y específicas para la drogadicción, incluso laboratorios y estudios en diferentes centros médicos y universidades, todos coinciden en que no hay certeza alguna de que el cuerpo demande las sustancias tóxicas que tiene un cigarro. Ni tan siquiera la Organización Mundial de la Salud (OMS) puede definir la existencia de un síndrome de abstinencia químico como tal al referirnos al tabaco.

Es cierto que el nivel de tóxicos se mantiene en sangre durante al menos dos semanas. Sin entrar en detalles de las numerosas investigaciones en cuanto a porcentajes de nicotina en gramos o miligramos por calada o por cigarro —dependiendo de las empresas distribuidoras de cigarros electrónicos y sus líquidos para así dar al consumidor un sustituto y su equivalencia en nicotina—, no hay una opinión unánime en cuanto a la necesidad de consumirla según nuestro nivel en sangre. Se habla de la saciedad, pero no de tener que consumirla al bajar los tóxicos en el cuerpo. En algo sí coinciden todos: entre los diez y los veinte minutos —o como mucho, treinta— después de apagar un cigarro los niveles de nicotina descienden a una velocidad vertiginosa. Y siguen descendiendo de manera progresiva. Y en diez o quince días han desaparecido por completo del organismo. A los treinta segundos comienza a bajar la presión arterial y también el ritmo cardíaco, y a los veinte minutos han disminuido considerablemente.

En el apartado «Tu programa de fumar» hago alusión al veneno que introdujiste en tus primeras caladas y cómo el inconsciente puso a tu cuerpo a la defensiva. Si el síndrome de abstinencia dependiera de los niveles de nicotina en sangre, a los veinte o treinta minutos necesitarías fumar, te encontraras donde te encontraras. Necesitarías otro cigarro para calmar lo que te ha producido el anterior.

¿Es casualidad que tu nivel de nicotina baje justo a la hora de salir del trabajo? Cuando llega la hora de sacar la basura o pasear al perro, ¿tu nivel en sangre te ha producido una gran necesidad de saciar la nicotina que te falta? ¿Acaso en plena discusión o al acabar esta el nivel baja? ¿Justo después de comer también disminuye? ¿Coincide con la hora en que los niños duermen? Parece que se mantiene cuando estás entretenido, ¿pero es casualidad que la necesites cuando estás aburrido? ¿Tu deseo depende de tu turno u horario laboral? Si tus niveles de estrés son altos, ¿te relaja un cigarro? Casualidad no es desvelarse en mitad de la noche y casualidad no es que te apetezca fumar —significado de causa según la RAE: «Aquello que se considera como fundamento u origen de algo»—.

Un síndrome que te causas tú al recuperar el tiempo de golpe. El que anticipas y sientes por adelantado. Unas ganas de fumar inciertas pero sentidas por un origen: las que crees que tendrás. Si temes la llegada de un evento, de una reunión o de la comunión de tu sobrina, padecerás síndrome de abstinencia por dicha anticipación y no es por casualidad. Un síndrome de abstinencia incierto que tú, con un pensamiento futuro o de prohibición, te originas.

Para estar libre del tabaco, para el inicio de un nuevo ciclo con tu programa sin utilizar y hacerlo fácilmente, ignora la idea de pensar de la misma manera que en otras ocasiones cuando has intentado dejarlo. Haz todo lo contrario. Esto es distinto. Transforma tu forma de pensar. La ansiedad a causa de una abstinencia a la nicotina no puede variar tanto.

Mono que tal vez exista, pero que puede, casualmente, pasar desapercibido para ti. Que puede ser y que es ilógico. Incierto o, cuando menos, dudoso. Un síndrome de abstinencia que si existiera, lo manejarías a tu antojo.

> **La ansiedad a causa de una abstinencia a la nicotina no puede variar tanto. No te anticipes como siempre has hecho. Piensa de modo distinto.**

Cómo manejar las ganas de fumar

Una vez un muchacho me comentó:

—Recuerdo un viaje en avión de once horas. Nada más despegar me entraron unas ganas terribles de fumar y pensé en lo que me esperaba hasta aterrizar. Automáticamente, después me dije: «¿Para qué me va a apetecer un cigarro si no puedo? Desaparecieron mis ansias de tabaco durante todo el vuelo.

Tal vez hayas escuchado decir cosas como que justo antes de embarcar en un avión la ansiedad de los fumadores les hace fumar dos cigarros seguidos y que durante un vuelo de ocho horas ni se acuerdan del tabaco, pero que justo en el momento de pisar tierra las ganas vuelven con fuerza. No creo que el nivel de nicotina en sangre se mantenga estable durante el vuelo y descienda conforme aterrizan. ¿Y qué pasa cuando hacen escala?

En el cine tu programa se queda en *standby* y pulsas *on* al salir de la sala. ¡Pero qué curioso es que de repente te entre la necesidad de nicotina si la peli no te gusta! Es como que le dijeras a tu amigo el inconsciente:

—¿Qué pasa, tío? Vamos a entrar al cine a ver una película de dos horas que esperemos que nos guste. Dejaremos en *standby* el programa de fumar. Los niveles de nicotina y tóxicos estarán estables hasta que acabe. Cuando salgamos, volveremos a bajar los niveles y que aparezcan las ganas o fumamos sin que nos apetezca.

Y tu amigo el inconsciente no te dirá nada. Él ni opinará. Le dará igual. Ni piensa ni es lógico. Le darás la orden únicamente con el pensamiento de que desaparezca tu necesidad. Será igual que un efecto placebo.

El efecto placebo es el resultado de una acción curativa sin evidencia científica, pero que produce una sensación terapéutica si se está convencido de su eficacia. Puede ser mediante medicación o con una convincente afirmación de que es realmente eficaz.

> **Es posible que hayas creado en ti la firme convicción de no tener ganas de fumar donde no se debe o no te place.**

Hay fumadores que solo lo hacen fuera del hogar, bien por no dejar olor a tabaco o por no ensuciar, bien para evitar que sus hijos los vean. Otros fuman exclusivamente en sus domicilios, algunos por aburrimiento y algunos para no hacerlo en reuniones sociales o paseando por la calle. ¿Dónde están sus niveles de nicotina en sangre? ¿Los dejarán en casa cuando salen a la calle dando un portazo?

¿Tu necesidad de fumar es por casualidad? No puede variar tanto ni ser por azar en determinados eventos o acontecimientos. ¿Desaparecen las ganas acaso según lo que estés haciendo? ¿Aparecen según el lugar donde estés? ¿En un abracadabra tu necesidad? Puede ser que desaparezca a tu antojo. Posiblemente no causen ansiedad alguna por casualidad. Tal vez, en determinadas circunstancias inevitables o en determinados lugares donde no se debe o no puedes, se escondan como por arte de magia y aparezcan accidentalmente, o por el mismo arte, cuando puedes fumar libremente. Que te entre una necesidad imperiosa justo antes de acceder donde está prohibido es una coincidencia.

Creo que habría que sospechar —y ahora más que nunca— si existe en realidad un síndrome de abstinencia. Y si existiera —sigo poniéndolo en tela de juicio—, que no te quepa la menor duda de que pasa desapercibido. Tus niveles de nicotina y tóxicos fluctúan mucho, ya sean en el metabolismo de un hombre o de una mujer. Si buscas un síndrome de abstinencia, lo encontrarás, y será una causa para sentirlo. Un síndrome, que te repito, te causas tú al anticiparlo y al recuperar el tiempo de golpe. Que lo sientes con solo el pensamiento. Unas ganas de fumar que has manejado a tu antojo donde has querido. Por lo tanto, imagina lo que puedes hacer cuando te despidas del tabaco. Hacer que desaparezcan de forma mágica. ¿Para qué voy a tener ganas de fumar si quiero dejarlo?

> **¿Tus ganas son por casualidad o por una causa?** La apetencia de un cigarro no es por casualidad, es por una causa que originas tú y que varía a tu antojo. Ten la certeza de que fumar no es por adicción a la nicotina. Es una conducta por asociación. Duda de la existencia de un síndrome de abstinencia. Si lo manejas a tu capricho, podrás hacerlo sin lugar a dudas cuando acabes el libro.

Qué vas a hacer sin tu cigarro

Por regla general espero a los asistentes fuera de la sala donde voy a impartir el curso unos veinte minutos antes del comienzo. Conforme van llegando, intercambiamos impresiones: sus inquietudes, sus expectativas, sus miedos, sus motivos, por quiénes tienen que dejarlo, etc. El 85 % de ellos vienen recomendados por alguien a quien le fue fenomenal. Algunos se avergüenzan de fumar delante de mí o no se atreven a mirarme a los ojos, como si los fuese a hipnotizar solo con la mirada como si fuera un brujo. Unos quieren pasar desapercibidos y se alejan unos metros. A otros les tiembla la voz al presentarse:

—¡Vamos a ver si tenemos suerte y lo conseguimos esta vez! —me dicen muchos.

—¡No sé qué voy a hacer con las manos sin mi cigarro!

—Yo iba a venir con menganita hace tiempo, pero a última hora me entró pánico de no conseguirlo. Decidí esperar para ver si le funcionaba a ella, y aquí estoy, a ver si me sirve a mí también —es otra manera que tienen de romper el hielo.

—Yo soy fulanito. Te llamó mi mujer para pedirte cita —también expresan algunos con cara de enfado.

De vez en cuando vienen parejas, unas de la mano y otras como auténticos desconocidos. Los hay que acuden felices, tristes, eufóricos, relajados, entregados o incrédulos. Pero casi todos coinciden en algo: vienen sin tabaco o con uno o dos cigarros, exceptuando algún asistente que lleva el paquete inmaculado sin abrir. Se les nota el cabreo e incluso me miran desafiantes. Los que vienen sin él lo han tirado a una papelera cercana o a la basura antes de salir de casa. Los que vienen solo con un pitillo lo arrojan con desprecio. Y las parejas, es uno de los dos el que lleva alguno para compartir.

—¡He tirado los mecheros, las cerillas y los ceniceros que tenía por casa para no tener a la vista nada que me lo recuerde! —reconocen otros.

Como ya me lo sé, les voy preguntando si llevan tabaco. A los que no o a los que tienen solo uno o dos cigarros les pido, por favor, que salgan y compren. Muchos se asombran de mi petición.

—El que he pisado era mi último cigarro. Yo he venido a dejar de fumar. ¿Cómo voy a comprar ahora?

—Lo mismo no es el último. Igual fumas cuando lleguemos al descanso —les suelo decir.

—No, no. Ya no quiero comprar más.

—Bueno, normalmente tengo en la sala. Si ese que tiraste no era el último, yo te doy uno. Pero me gustaría que compraras.

—¿Me vas a hacer gastar cinco euros?

—¿Qué más te dan cinco euros después del dineral que te has gastado? —les digo.

Los que vienen recomendados y ya se lo saben también expresan su opinión:

—A mí me dijo fulanito que trajera, pero ¿para qué voy a traer si voy a dejar de fumar?

—Has venido a otra cosa. Fulanito tampoco vino a dejarlo y trajo su paquete consigo.

—¿Cómo que no vino a eso si lleva sin fumar desde que estuvo aquí?

—Luego lo entenderás —les contesto.

—Yo he traído cuatro cigarrillos —confiesa alguno—, pero en casa tengo más. Procuro siempre tener tabaco. Soy de los que van a comprar en horas intempestivas o diluviando si me quedo sin él.

—¿Podemos comprar un solo paquete y lo compartimos? —se interesan los que vienen en pareja.

—Me parece bien si fumáis de la misma marca. Si es distinta, cada uno con su paquete, por favor.

—Yo tengo el paquete entero. Dudo que me quites de fumar —suelen decir los incrédulos.

—Has hecho bien. Y haces muy bien en dudar. ¡Venga! Fumaos un cigarrito que os falta lo justo para dejarlo —les pido al final.

Ahí coinciden, y casi todos con una ligera sonrisa. Conforme apagan sus cigarrillos entran en la sala y se acomodan en las butacas. Me presento:

—Hola. Soy Ángel Castillo. No quiero que os relajéis ni que os concentréis, pero acomodaos en las butacas y dejad que todo fluya de forma natural...

Normalmente altero el orden. A veces hablo de no evitar las costumbres. De cómo manejamos las ganas de fumar a nuestro antojo. De las causas por las que creemos sentir mono. De nuestro miedo anticipatorio. De hacer una vida normal. De la prohibición. Del compromiso. De los kilillos. Del no. De las consecuencias al recuperar el tiempo de golpe. Del o de los secretos. De conseguirlo. De las dudas. De la tentación al llevar el tabaco encima.

En esto último, de la tentación o del temor a llevarlo o a tenerlo al alcance de la mano, quiero hacer hincapié. ¿Por qué no vas a llevar el paquete de cigarrillos contigo? En el bolsillo de la chaqueta, en el bolso, en el pantalón, en la mano o en la mochila. ¿Por qué no llevarlo como de costumbre y en el lugar habitual? Te contesto yo a esta pregunta: no quieres porque si lo ves creerás que te va a apetecer fumar. Porque es una tentación tocarlo. Porque tienes poca voluntad y necesitas mucha fuerza. Porque te llamará especialmente la atención y supondrás que cometes un pecado. Creerás que estás provocando a la suerte.

¿Qué diferencia hay entre que lo tengas en el bolsillo y estés con un amigo frente a ti con su cigarro en la mano o fumando? ¿Es distinto que esté en tu bolsillo y tu pareja fume a tu lado? Mientras estés en una cafetería y haya una máquina expendedora justo enfrente, ¿qué diferencia hay? Ninguna. ¿Y con los compañeros de trabajo mientras fuman? Ninguna. La hay al creer que llevarlo es una tentación y, además, anticipas un futuro —«No podré contenerme si lo llevo encima o lo veo»—. Una orden a tu inconsciente. Pánico ante lo que tú consideras que es un peligro. Ya lo hemos dicho, tu cerebro lo considera real y te preparará con ansiedad antes de tiempo. Empezarás a sufrir cuando aún no ha llegado el momento.

Si tu profesión está ligada al tabaco, ¿significa que nunca podrás inutilizar tu programa por tener relación diaria con el mundo del fumador? ¿Estarás siempre tentado? ¿Te llamará especialmente la atención? ¿Lo dejarás cuando encuentres otro trabajo? Esté tu vida o no laboralmente unida a ello, ¿qué más te da? Estés de vacaciones, en casa o en la oficina lo tienes en la cabeza. Y cinco minutos antes de salir de un sitio donde está prohibido fumar, ¿dónde está tu tabaco? En tu cabeza. ¿Entonces, por qué vas a estar sin él? Es indiferente que esté en tu pensamiento y lo tengas en la mano cuando salgas del cine. ¿Temerás llevarlo, tocarlo o verlo también cuando pasees por la calle y veas a un vecino fumando? ¿Al pasar junto a un estanco? ¿Vas a inquietarte porque tu pareja fume? ¿La vas a poder besar? ¿Vas a preocuparte al ver un cenicero o un mechero?

> **Para evitar la tentación lleva tu paquete de tabaco contigo. Llévalo como de costumbre y en el lugar habitual.**

A tu inconsciente le estás diciendo solo por no llevarlo que es una gran atracción y, por lo tanto, te preparará para contenerte si lo tienes cerca. Le confirmas que tenerlo a la vista es un peligro. Que debes resistir cuando estés sin tu cigarro —«¡Verás tú cuando vea a los compañeros del trabajo fumando! ¡Vas a ver cómo tengo ganas! ¡Verás tú cómo fumo! ¡Tendré que esconder la cabeza como un avestruz!», le dirás una y otra vez a tu amigo el inconsciente—. Al final, con tu parte lógica te repetirás que es mejor no acudir donde hay gente fumando, que es mejor ocuparte de otras cosas, que es mejor dejar de sacar al perro por un tiempo...

Ya te lo he dicho, pero he escuchado muchas veces a los asistentes de los cursos decir que cada vez que han intentado dejar de fumar han tenido la sensación de que les faltaba algo.

Si eres de los que necesitan constantemente tener algo en las manos, lleva unas llaves, un bolígrafo o cualquier cosa. ¿O por qué no el paquete? Si te aporta seguridad y estabilidad, y hasta el momento lo has utilizado incluso sin saberlo, continúa con él o con el cigarro. Te dará confianza.

Olvídate de cuánto tiempo tendrás que llevarlo. El día menos pensado no sabrás ni dónde está. Si fumas de liar, lleva también contigo las boquillas y el papel. Si tienes por costumbre entretenerte liándote unos cuantos, continúa haciéndolo y así evitarás aburrirte. Cuando menos lo esperes ni te acordarás de hacerte más.

Hay a fumadores que les crea ansiedad el mero hecho de estar sin tabaco. Si eres de los que habitualmente se desvelan por las noches, si te dispones a dormir y no te queda ningún pitillo, posiblemente lo poco que duermas lo hagas inquieto o incluso ni lo hagas.

—Cuando venía de camino al curso me preguntaba cómo iba a poder estar sin mi cigarro —me dijo un hombre joven una vez.

—Estarás mejor que nunca —le contesté— porque te darás cuenta de que no te hace falta un cigarro encendido que te haga compañía. Pero posiblemente te refieres a qué vas a hacer sin fumar. Créeme, si haces tu vida con normalidad, no le temes a ningún acontecimiento cotidiano o esporádico, como ya hemos comentado, tu vida será distinta, pero idéntica.

A muchas personas les da miedo quedarse sin tabaco. Si es tu caso, llévalo contigo y te desprenderás de dicho temor. Pero, ojo, no pienses que te van a dar ganas de fumar. Si lo haces estarás inquieto por el hecho de haberlo anticipado.

Si decides desprenderte del tabaco es tu decisión, pero imagina la confianza, fuerza y seguridad que te dará llevarlo y dominar tú la situación. Hasta ahora ha sido él quien te ha controlado. Demuéstrate a ti mismo que no le tienes miedo. Además, puedes cometer el error de acabar el libro y esperar para abandonar el hábito cuando fumes el último cigarrillo del paquete. Entonces no cumplirás las pautas. Y seguramente creas que no estás preparado aún y lo dejes para mañana. Y te digo más:

> **Cuando de verdad quieres vivir sin fumar, te da igual tener tabaco por todos los rincones de la casa.**

No tires ceniceros ni mecheros. Rodéate de fumadores. Sigue besando a tu pareja si esta fuma y no le prohíbas hacerlo cerca de ti. Sigue saliendo en el descanso en el trabajo y hazlo con tu paquete en la mano. Continúa reuniéndote con tus amigos que fuman. No huyas, de lo contrario estarás tentando a la suerte y necesitarás, ya sabes, mucha fuerza de voluntad.

El famoso método de la fuerza de voluntad

Evitar tocarlo, verlo, llevarlo o estar cerca de él hará que tengas miedo a reunirte con personas fumadoras y, como hemos visto, a todo lo que te rodea. Te acongoja estar cerca de un cigarro y no poder contenerte al creer que es una tentación.

Sin darte cuenta, utilizarás el método de la fuerza de voluntad. Tendrás que poner mucho de tu parte. Te faltará empeño para dar el paso y, si lo dieras, mucha fuerza para conseguirlo. Otra orden imperativa de contenerte y esforzarte con el gesto de no llevarlo contigo. La orden de tener que resistirte.

Hay fumadores que prefieren hacerlo resistiéndose a la tentación, creyendo que así evitarán una recaída en un futuro al recordar el esfuerzo que hicieron. Me he encontrado a asistentes que lo dejaron de esta forma y recayeron al cometer el error de encender un cigarro para recordarse el mal sabor y su hazaña, pensando que reforzarían su teoría y su valentía. Y una vez que empezaban a fumar otra vez, retrasaban la idea de volver a dejarlo debido, como es lógico, al recuerdo tan amargo de la experiencia y la sensación de haber perdido el tiempo.

Hay personas que lo han conseguido de esta forma, pero durante un largo periodo de tiempo —y cuando digo largo me refiero a años— tienen la sensación de haberse privado de fumar, con el riesgo que conlleva volver a hacerlo debido a la prohibición, que es igual que privación.

La idiosincrasia del ser humano, o al menos en muchas culturas, nos hace llevar implícito un sufrimiento cuando queremos conseguir aquello que nos proponemos. ¡El que algo quiere, algo le cuesta! La resiliencia o, lo que es lo mismo, superarse ante las adversidades y aprender de ellas está hoy en día bien visto. Te hace sentirte capaz de superar cualquier desavenencia que se nos presente. Pero créeme:

> **¿De verdad te merece la pena comenzar una vida libre del tabaco haciéndolo con sacrificio o esforzándote cuando lo puedes hacer fácilmente?**

Cambia la manera que tienes de pensar y altera la orden. Con tan solo llevarlo contigo evitas toda tentación.

Al terminar el libro, al final del todo, habrás reunido las herramientas suficientes para vivir sin fumar cómodamente. Tiene muchísimo más valor liberarte del tabaco sin poner resistencia.

> **Lleva el paquete de tabaco contigo sin temor. No hay diferencia alguna. Despréndete del miedo de estar sin tu cigarro. No será una tentación y dejará de llamarte la atención. Imagina la confianza que puede darte.**

3.

Las reglas de oro

3.

Las reglas de oro

Por fin vas a dejar de fumar

Recuerdo a una mujer que acudió a un curso como normalmente ocurre y ya te he dicho: sin tabaco. Cuando le dije que comprara me respondió que para qué iba a hacerlo si el cigarro que se había fumado al bajar del tren y había apagado al salir de la estación era el último.

—Sal a comprar, por favor —le volví a pedir—. Tal vez fumes cuando lleguemos a un descanso.

—Tengo todo el que quiera en casa y en el trabajo. Soy propietaria de un estanco.

—Si el que apagaste al salir de la estación era el último, mañana lo vendes en el estanco y amortizas los cinco euros aproximados que te vas a gastar. Así que si no te importa, compra y fúmate uno en el camino de vuelta. ¡Venga, te esperamos!

La mujer volvió con el paquete en la mano, pero sin abrir. Girándolo y observándolo por los seis lados.

—¿Por qué no has fumado? —le pregunté.

—Es que yo quiero que el último cigarro sea el que me fumé al bajar del tren.

—Enciende uno como si se tratara de tu último deseo antes de morir. ¡Fuma, que te falta lo justito para que por fin dejes de hacerlo!

La mujer sonrió y acabó por encenderlo. Los demás se miraron entre sí y contemplaron el cigarro como si para ellos también fuera el último deseo. Conforme los iban apagando, entraban en la sala para comenzar la sesión.

Me viene a la memoria ahora un hombre de un pueblo de Granada que cuando estábamos finalizando uno de los cursos me preguntó una duda que le rondaba por la cabeza:

—Perdona, Ángel —me dijo—, yo no le he comentado a nadie que iba a dejar de fumar. Tengo una plantación de hojas de tabaco y si llego a mencionar que venía, me hubiera sentido observado. Hubiera sido la comidilla del barrio y, seguramente, algún que otro gracioso me hubiese echado el humo en la cara para desafiarme. ¿He hecho bien?

—¡Claro que has hecho bien! El sentirte vigilado te pondría nervioso, y de paso evitarás que tus amigos incrédulos te ofrezcan tabaco y te lo restrieguen por la cara. —Entonces me dirigí al resto de asistentes—: No les digáis a nadie que vais o habéis dejado de fumar.

> **Si no dices nada, evitarás ponerte nervioso al sentirte observado y también te librarás de los comentarios.**
> **Guarda el secreto para ti.**

—¡Qué alivio! —exclamó una mujer desde su butaca—. Qué alivio acabo de sentir. Yo me lo había reservado y sentía como si tuviera una mordaza puesta.

El secreto

¿Por qué tienes que anunciar que has dejado de fumar? No digas ni siquiera que lo vas a intentar. Disimula ante los más cercanos y queridos que estás leyendo este libro. Aunque te vean hacerlo, finge no es para dejar de fumar o que no lo has acabado.

Cuando llegamos a este punto, algunos de los comentarios más habituales de los asistentes son:

—Mi pareja sabe que por fin voy a dejar de fumar.

—Mis hijos saben que hoy lo dejo.

—Yo se lo he dicho a todos mis compañeros.

—Mi familia sabe que estoy aquí.

—Yo he venido acompañado de mi mujer.

En una de las sesiones un señor me preguntó muy preocupado:

—¿Qué le digo a mi esposa cuando me pregunte por qué he tardado tanto?

—Pues le dices que diez minutos antes de terminar me he quedado sin voz —le respondí.

—¡Pero vamos a mentir! —exclamaron varios.

—Olvidaos de que vais a mentir. En realidad no habéis venido, como ya he comentado, a dejar de fumar. Habéis venido a dejar vuestro programa sin utilizar. Así que no engañáis a nadie. Una mentirijilla piadosa que evitará que os sintáis observados. De esta manera abandonaréis el sentimiento de fracaso.

—¿Y los que venimos en pareja?

—Nada de preguntarse cómo lo lleváis. Haced la vida normal y cada uno a lo suyo.

—A mí solo pensar que voy a dejar de fumar ya me pone nerviosa —admitió una mujer a todo esto.

El verbo «dejar» en este aspecto suena a prohibición, ¿verdad? Despreocúpate, que no estás leyendo el libro para «dejar de fumar». Lo estás haciendo para soltar las cadenas tan pesadas que te unen al tabaco. Vas a descansar de vivir en cautividad. Dejar tu programa de fumar sin utilizar no tiene ningún secreto. Es muy sencillo.

> **Es conveniente que te reserves el derecho de llevar en el anonimato que vas a comenzar una vida sin fumar. De lo contrario, te sentirás presionado al tener que demostrar que por fin vas a dejar de hacerlo. Guárdate este secreto para ti.**

Márcate pequeños objetivos

Hay personas que son muy competitivas desde que nacen, y esto se agudiza con los años. La competitividad es buena, te hace superarte y vencer obstáculos que vas encontrando por el camino. Ser competitivo te hace alcanzar metas. Consigues todo o casi todo lo que te propones, pero serlo en exceso te puede llevar a tomártelo como una competición, ya sea contigo mismo o con los demás. Un simple juego se puede convertir en competencia. Si no lo consigues por el motivo que sea, te frustras, y la siguiente vez piensas en fracasar, en incumplir, en no cubrir las expectativas puestas en ti o en esforzarte mucho más. En algunos casos sientes que ya lo has conseguido aun cuando ese reto está inacabado, y se desvanece aquello que querías terminar. Lo consigues a medias.

Dejar de fumar es un desafío que te supone sacrificio, esfuerzo y nervios. Llegar al final de día manteniéndote libre es tu gran objetivo. Considerar abandonar el hábito te hará posponer la idea. Procrastinarás debido al compromiso de cumplir o de no hacerlo. Retrasarás la idea de intentarlo debido a un posible esfuerzo o a sufrir.

Por otro lado, cuando un fumador quiere ser exfumador le corre mucha prisa serlo. Esto te puede llevar a estar inquieto y a olvidar lo que realmente importa: los pasos a seguir y a cumplir.

> **Estar sin fumar en determinados momentos son tus pequeños objetivos. Mientras tomas un café o una cerveza, esperas a que tu hijo salga del fútbol, realizas tus tareas diarias, etc., es tu finalidad.**

Al percatarte de que lo has desempeñado con sencillez pensarás que has hecho tal cosa o tal otra sin necesidad de fumar, y lo has llevado estupendamente bien. Anhelarás que llegue la siguiente rutina con el fin de llegar al final del día satisfecho.

Las principales causas del fracaso

Si descartas la idea de conseguirlo sí o sí, si olvidas la meta de dejar de fumar, si lo haces para alcanzar pequeños logros y eres riguroso con las pautas que comparto contigo, te resultará muy fácil abandonar el tabaco. De lo contrario, alternarás pensamientos entre si lo conseguirás o no. Y posiblemente la balanza se incline hacia el fracaso. O tal vez te obligues a esforzarte para conseguirlo.

Si te das una vuelta por las redes sociales, podrás leer todo tipo de frases motivadoras relacionadas con el fracaso, que bajo mi punto de vista no son muy alentadoras. Estas están de moda: «Para alcanzar el éxito primero hay que fracasar para recordar el amargor que te ha supuesto conseguirlo y así valorarlo más», «Es preferible temer al fracaso y evitar arrepentirse de no haberlo intentado», «Si temes al fracaso, te resultará improbable alcanzar el sueño de dejarlo», «La meta de dejar de fumar podrás alcanzarla mediante el sacrificio, así tendrás la satisfacción de haberlo logrado», «Para alcanzar el éxito tienes que pasar por fracasos», «Intenta dejar el tabaco a lo grande y hasta no haberlo conseguido será una derrota gloriosa», «La clave del fracaso es tratar de complacer o convencer a todo el mundo de que vas a dejar de fumar», «Agrada a todos y tendrás la puerta abierta al fracaso», «Intenta convencer de que vas a dejar el hábito y tendrás público garantizado»... Lo que trato de explicarte con estos ejemplos es que tan solo con imaginar que lo vas a conseguir ya te supondrá pensar en el sacrificio que tienes que hacer para dejar de fumar y en la idea de que se vaya todo al traste. Tener la firme convicción de que debes cumplir con las expectativas depositadas por ti o en ti ya significa sentir una presión.

> **Olvida la idea de conseguir dejar de fumar y pon en su lugar la de alcanzar pequeños objetivos. Y llévalo en silencio. De esta forma se reduce en gran parte la posibilidad de fracasar.**

Otro de los motivos por los que debes guardar el secreto del que hablamos en uno de los apartados anteriores es no tener que demostrar a todos que puedes hacerlo. Esto, aunque me repita, te coloca en la casilla de salida con la idea posible de no alcanzar la meta. O que para llegar habrá que esforzarse. Una orden que te das totalmente equivocada.

Si lo llevas clandestinamente, la posibilidad de fracasar ante los demás se desvanece. Y el estrés que supone demostrar a todos los que lo saben que puedes hacerlo desaparece. Si lo cuentas, tendrás a tu pareja, entrenador, hijos y compañeros alentándote a conseguirlo. Esto implicará enfrentarte a sus miradas y a un público que te animará.

Solo compites contra ti y solo contigo, pero ya es una competición con su implícito esfuerzo. Se te pasará por la cabeza la posibilidad de no conseguir lo esperado, la probabilidad de estropearlo todo.

Trasteando de nuevo por las redes sociales en un

momento de aburrimiento encontré una frase que pareció escrita a propósito para lo que estamos hablando, y que venía a decir algo así como que cuando estamos en soledad después de un fracaso, no nos sentimos heridos, pero cuando nos encontramos con gente cercana que sabe que teníamos que conseguirlo y que hemos vuelto a fallar, no podemos soportar el dolor.

Empieza tu nueva etapa libre del tabaco con discreción. Y no vaciles en tener la certeza de que al final dejarás de fumar.

> **Cuando menos lo esperes todo el mundo a tu alrededor se dará cuenta de que no fumas. Te sentirás orgulloso de haberlo logrado fácilmente.**

Si guardas silencio en este aspecto, te desprendes de un plumazo de todo acto de valentía. Te desharás de un público que te animará para conseguirlo. Dejarán de darte, como me dijo una mujer en un curso, el tostón.

> **No tienes que convencer a nadie, ni siquiera a ti mismo de que puedes conseguirlo. Desvíate sigilosamente de la intención que tienes de dejar de fumar. Cumple pequeños objetivos, los que al final del día te harán grande. Guarda silencio, no compitas en una maratón y disfruta del paseo.**

Esperando un milagro

Todos poseemos herramientas para alcanzar aquello que deseamos. No hay excepción alguna entre personas para aprovechar nuestros recursos.

En una ocasión un asistente a un curso me comentó que él, y creía hablar en nombre de todos, había venido a que le quitara de fumar, y, además, sin que pasara el mono. Me dirigí a él de forma distendida y jocosa:

—Permíteme que bromee haciéndote una pregunta. Cuando has apagado el último cigarro antes del inicio, ¿has dejado de fumar? Creo que sí. Yo no te he quitado, te has quitado tú. Estabas fumando y apagándolo lo has dejado. Lo has conseguido. Posiblemente fumarás en el siguiente descanso y, si lo haces, al apagarlo habrás vuelto ha dejarlo. He acertado que yo no os quito. Lo has hecho tú solo. Permíteme que siga bromeando. Me atrevo a vaticinar algo más, y es que yo me moriré seguro. Dentro de un rato, mañana, el mes próximo, el año que viene o dentro de muchos años, pero al final moriré. Creo que igual que tú, ¿no? Ya he acertado dos. Y otra broma más, cuando estés en tu lecho de muerte y te vayas allá donde vayamos, ¿lo habrás dejado para siempre? ¡Pues ya he acertado tres! No dudes que al final de esta historia lo conseguirás sí o sí. Sin que te quepa la menor duda. Allá donde vayamos después de morir, ¿se podrá fumar? ¡Quién sabe! Lo único que puedo asegurarte es esto: he acertado tres. Si esperas un milagro, con el máximo respeto has de saber que no soy Jesucristo.

Después de estas bromas unos sonrieron más que otros, también el hombre que se había dirigido a mí.

—Yo cada vez que he pretendido dejar de fumar —dijo una mujer a continuación—, me ha dado la sensación de encontrarme en la tabla de multiplicar del uno. Todo me llevaba al mismo resultado. Yo creo que a mis compañeros les ha pasado lo que a todos cuando lo hemos intentado en otras ocasiones. Como hemos fracasado una vez detrás de otra, este curso es nuestro último recurso y estamos esperando un milagro.

—No fracasaste —le aseguré—, simplemente utilizaste métodos que no te funcionaron. Supongo que habrás aprendido que no debes hacer lo mismo que ya has hecho cuando todo quedó en un descalabro.

Cuando acabes el libro tendrás toda la información para aprovechar tus recursos. Dejarás de arrastrarte ante un cigarro y podrás levantarte y caminar hacia tu independencia. Yo no hago nada, tan solo comparto contigo unas pautas para que dejes el tabaco de otra forma y sin ansiedad. Eres tú quien lo hace.

¿Será igual de fácil para ti como para otros?

Nadie me habla de esto en los cursos. A pesar de que antes del inicio del curso, cuando espero a los asistentes, algunos me dicen quién les recomendó, en el curso pregunto quién les aconsejó que vinieran.

—A mí mi jefa —respondió un hombre una vez—. Una gerente de una empresa de carpintería metálica en Teruel.

—¿Y qué te dijo exactamente?

—Que era muy fácil. Que te quitas sin mono. Que merecía la pena desplazarme y gastarme un dinero. Que esto era otra cosa.

—En realidad, yo no quité ni quito a nadie de fumar, ni lo pretendo. Tan solo comparto una información. Tu jefa aprovechó sus recursos y desde entonces mantiene su objetivo. Tu jefa no dejó de fumar. Es distinto dejar de fumar que «estar» sin hacerlo. Parece lo mismo, sin embargo, es diferente. Si ella te hubiera dicho que no te preocuparas, que cuando salieras de aquí dejarías de fumar. Con mono, pero que lo harías. Sufriendo, pero que lo dejarías. Con la sensación de haber malgastado tiempo y dinero, pero que lo conseguirías, ¿me hubieras llamado para pedirme cita con tanto «pero»?

—Pues la verdad es que no. Le habría agradecido su interés y su recomendación, pero que el dinero que me iba a gastar en dejar de fumar sufriendo me lo guardaba en el bolsillo. Que ya tendría tiempo para pasarlo mal y gastarlo.

—Si tu jefa te dijo que te desplazaras y gastaras un dinero es porque a ella le fue bien. Con bien me refiero a que desde entonces está libre, y que lo hizo fácilmente. Compartí con ella lo mismo que estoy compartiendo contigo, y se mantiene en el objetivo día tras día.

En ocasiones acude alguna persona con discapacidad auditiva que quiere abandonar el hábito. El curso varía solamente en el tiempo. En las pausas que necesita el traductor del lenguaje de signos.

Y de vez en cuando también acuden con discapacidad visual. Antes de darles cita la primera vez me tomo unos días hablando con invidentes fumadores para informarme de cómo se aprende, memoriza, siente, sueña e imagina con esta discapacidad, y así de esta manera adaptar la charla. Hay diferencia entre un invidente de nacimiento y quien pierde la vista con los años, ya que estos últimos conservan recuerdos visuales, pero todos coincidieron en la forma de soñar y en sus habilidades sensoriales. Esta discapacidad hace que tengan más desarrollados o agudizados el resto de los sentidos.

Llegado el curso, en la charla no hay cambio alguno en cuanto a los conceptos y parámetros que sigo. Llegado el curso, en la charla no hay cambio alguno en cuanto a los conceptos y parámetros que sigo, a excepción de la última parte. Aunque solamente fuese un individuo en el mundo el que ha logrado dejar su programa sin utilizar, ¿por qué no podrías conseguirlo tú? Si una sola persona aprovechó sus recursos y comenzó un nuevo ciclo sin fumar fácilmente, ¿por qué tendrías que padecer tú y por qué te iba a resultar difícil?

En el curso del que antes hablaba, me dirigí de nuevo al hombre al que su jefa había aconsejado venir:

—¿Quién introdujo el programa de fumar en su mente? ¿Quién está sin fumar desde entonces? Tu jefa. Pues tú igual que ella. Aprovechó la información que compartí y dejó su hábito sin dificultad. Aprovechó las herramientas que tenemos todos sin excepción. Aceptó el regalo.

Seguramente sabrás de algunos que lo han hecho con un método revolucionario, como acupuntura, con hipnosis o con un libro. ¿Y tú por qué no? Milagroso es distinto a revolucionario o novedoso. Ni los parches, las pastillas o cualquier otro sustituto son milagrosos.

Esquiva la idea de que hay un método prodigioso.

Empieza a cambiar este concepto. Abandonar el hábito es fácil si sabes utilizar tus recursos. No hay distinción entre personas para aprovecharlos y conseguir aquello que se desea. Nada hay en tu mente que puedas sacar si previamente no lo has introducido tú. Si lo has hecho, serás poseedor de los recursos necesarios para comenzar una vida sin fumar.

> **Aprovecha la información que está recogida en este libro y saca tu caja de herramientas. No hay distinción alguna entre personas para explotar sus recursos. Tú tendrás los medios para hacerlo.**

Las herramientas para liberarte del tabaco para siempre

Si un fumador se liberó fácilmente, tú tienes idénticos mecanismos y, además, suficientes. Si una persona continúa con su trabajo, costumbres y sociabilidad sin necesidad de cigarro alguno, ¿por qué crees que a ti te hará falta? Si respecto a los recursos todos somos iguales, ¿por qué tú tienes que destacar en este aspecto siendo diferente? Es irrelevante que trabajes o que estés desempleado. Tus inclinaciones políticas o religiosas. Si eres jefa o empleado. Campesino o estanquera. Ama o amo de casa. No importa si tu nivel cultural es bajo, medio o alto. No importa que te gusten las abejas o que odies las avispas. Que te fumes veinte cigarrillos o diez. Es valioso tener información adecuada para aprovechar tus recursos, y la estoy compartiendo contigo. Si esperas un milagro haciendo siempre cosas similares, los resultados serán parecidos y depositarás la confianza en otros cuando eres tú quien tiene las herramientas.

Creo que ya vas cogiendo la idea. No obstante, aún no he acabado de darte las pautas para que te liberes de manera fácil y para siempre del tabaco.

> **Si has intentado todo y ha sido en vano, es fundamental que no hagas lo que ya hiciste o lo que hacen los demás para dejar de fumar. Esto es distinto, sin embargo, todos somos idénticos en lo que se refiere a recursos. Hacer lo mismo una y otra vez esperando obtener resultados diferentes es un sinsentido.**

Excusas para fumar un día más

¿Cuántas y cuántas veces has pensado y te has propuesto dejar de fumar y llegada la fecha has creído que no se reunían las mejores condiciones y lo has retrasado por temor a sufrir?

Normalmente tenemos uno o varios motivos para fumar un día más. Que si es mejor esperar al verano. Que si después de Navidad o la cena de empresa. Cuando termine esto o aquello. O mejor que sea en invierno.

Si eres empresario y crees que fumar te ayuda a concentrarte o a relajarte, esperarás a las vacaciones. Pondrás excusas, por baratas que sean, para eludir arriesgarte y dar el paso de romper el candado y soltar las cadenas que te atan a un cigarro. Retrasarás la idea incluso esperando un ascenso. Y si no lo consigues, te fumarás la pipa de la paz junto a tu desilusión; y si lo logras, lo celebrarás brindando con una copa y un pitillo. Si estás desempleado, será porque te acompaña en tu época de crisis. Cualquier ocasión es buena para postergar la decisión y continuar fumando. Según tú, nunca es el momento idóneo para liberarte del tabaco.

Lo pospondrás asegurando lo difícil que es dejarlo o debido a la posibilidad de tener ansiedad. Entonces elegirás hacerlo más adelante, cuando estés más preparado o menos estresado. Prefieres decirte: «¡Hoy no, mañana es mejor para empezar!».

Si nunca lo has intentado, seguro que has escuchado a tu alrededor que para dejar el tabaco debes poner mucho de tu parte. ¡Tienes que sufrir! ¡Tienes que aguantar al menos unas semanas hasta que se te pase el mono! Entre unos y otros, y con la idea de que vas a pasarlo fatal, lo vas aplazando debido al temor producido por tu pensamiento o por lo que te han dicho.

Con estas ideas en la cabeza es normal que evites dar el paso. Seguramente a lo largo del año habrás señalado algunas fechas en el calendario. Año Nuevo, tu cumpleaños o el nacimiento de tu hijo o de tu nieta.

Si lo intentaste, llegada la fecha, es posible que comprobaras que todo lo que pensabas y todo lo que te dijeron era cierto. Semanas antes ya se lo comentaste a los más cercanos. Les comentaste que en tal fecha lo ibas a dejar y que entendieran tu mal genio. Sin darte cuenta, al poner un día, empezabas el calentamiento para una competición. Solo con hacerlo ya comenzaban tus pensamientos a titubear: lo conseguiré, no lo conseguiré y lo pasaré mal; fracasaré o tendré que esforzarme para lograrlo. La noche antes del día previsto dormirías inquieto. A la mañana siguiente, sin haber empezado aún, te dirías: «¡Hoy mejor no, mejor mañana! Continúo fumando y mañana doy el salto y lo dejo». ¿Cuántas veces no te has atrevido a ser libre?

Imagina que pones al fuego una cacerola con agua fría, que metes una rana y la empiezas a calentar lentamente. La rana irá adaptando su temperatura corporal conforme el agua vaya cociendo. Cuando esté a punto de alcanzar la ebullición, la rana no podrá ajustarse más e intentará saltar. Le resultará imposible puesto que ha utilizado toda su fuerza en adaptar su temperatura. Iría aclimatándose gradualmente sin saber que al final el agua herviría. Moriría de forma lenta.

Podríamos decir que tú, como ella, sin darte cuenta te habitúas a lo que produce fumar en tu cuerpo. Recortas tu actividad física. Ralentizas los pasos para ahorrar energía y lo haces sin saberlo. Utilizas el ascensor porque te falta el aire al subir escaleras. Llegas a usar jarabes contra la tos. Cremas o ungüentos para la piel. Pasta dentífrica especial para la gingivitis.

—¡He reducido mi actividad sexual desde hace unos años! —me han llegado a reconocer algunos de los asistentes a los cursos.

Y todo esto por qué o para qué. Para evitar enfrentarte a la decisión de dejar el tabaco. El tabaco reduce muchísimo tus capacidades físicas y, como es lógico, merma tu salud progresiva y lentamente, y sin darte cuenta. A medida que pasan los días, te vas adaptando a esas limitaciones. Ahorras energía para mantener un equilibrio. Te has aclimatado a una vida limitada físicamente. Tu corazón, pulmones, músculos y arterias están envejecidos unos años más de los que tienes. Pero estos irán mejorando cuando comiences tu libertad. Esto creo que ya lo sabes. Es decir, no te decides porque crees que tu vida será diferente sin fumar y por pensar que hacerlo conllevará sufrimiento. Si sospechas que lo vas a pasar mal al dejarlo debido a otras veces que lo has intentado, ya has puesto el agua a calentar. Es lógico que retrases la idea de saltar de la cacerola. Que lo postergues y veas muy lejos la meta. No te cabrá la menor duda de seguir acomodándote a una vida limitada físicamente por el tabaco. Ni siquiera tener el conocimiento de que tu salud mejorará te hace saltar de la cacerola. Puede que incluso conozcas a una persona que está en peores condiciones que tú y te autosabotees pensando que te encuentras mejor que ella. Es preferible seguir adaptándose antes que sufrir. Y todo esto por la anticipación de un temor.

Si no lo has intentado nunca y has escuchado lo que te puede suceder, te lo creerás. Predijiste o predijeron por ti un estado estresante con un buen síndrome de abstinencia, y tú, sin vacilación alguna, aceptaste que fuera así. Pensaste que te iba a ocurrir también. Tuviste una prueba irrevocable cuando viste a alguien dejarlo o escuchaste que lo abandonó con mucho sacrificio, y creíste que también tendrías que esforzarte.

Hace ya tiempo que coincidí en un curso de inteligencia emocional con un muchacho que era vigilante de seguridad de un centro comercial. Me dijo que había dejado de fumar y que no le había costado trabajo alguno, exceptuando cuando trabajaba en turnos de noche. Parece ser que un compañero le había dicho que lo había dejado sin esfuerzo, pero que, sin embargo, en estos turnos lo pasaba fatal. Que durante el día, al estar entretenido, apenas se acordaba del tabaco, pero que el mono le duró meses solo y exclusivamente al trabajar por la noche. El joven creyó que a él le iba a pasar también, por lo que buscó en el almanaque las fechas más distantes entre los turnos, y cuando encontró una semana sin noches, se puso una fecha. Me comentó que por las mañanas y por las tardes lo llevaba genial. Pero fue llegar el primer turno de noche y le entraron unas ganas de fumar apabullantes. Tenía el estrés por las nubes, y cómo no, creyó que era síndrome de abstinencia.

—¡Me apetecía solo en ese turno. Y me duró al menos un mes! —me confesó.

—Claro —le dije—. Estabas anticipando al escuchar a tu compañero decir que era fácil, pero que tenías que superar las noches. Es normal que tuvieras ganas de fumar con esa idea en la cabeza. Incluso en casa al desvelarte también las tendrías. Si dependiera de los niveles en tu organismo, no podrías necesitar un cigarro solo por las noches. Además, si la nicotina se mantuviera, aunque fuera mínimamente en tu cuerpo dos semanas, ¿cómo te podría durar más de un mes y a determinadas horas? Es evidente que hay que sospechar de la existencia de la adicción a la nicotina y del síndrome de abstinencia.

Pon en tela de juicio todo lo que has escuchado y desconfía de que te ocurra a ti también. De momento, relájate. Haz lo que haces habitualmente, pero no lo que otras veces has hecho para dejar de fumar. Y sobre todo, piensa de forma diferente. Si lo haces de manera distinta a otras ocasiones, desconfías de tu entorno y eludes la anticipación de lo que te puede suceder, las excusas desaparecerán para iniciar un ciclo y estar sin fumar sin fecha en el calendario. Si sigues esto a pies juntillas, sin peros que valgan, se acabarán los pretextos. Si cuando lo has intentado te hubiera ido bien, ¿estarías leyendo este libro? ¿O te queda alguna justificación para retrasar la idea de ser libre y fumar un día más?

La falsa creencia de que te gusta fumar

En todos los cursos que doy, sin excepción, hay dos o tres asistentes que aseguran convincentes de que a ellos les gusta fumar.

—¿Cuántas veces habéis pensado que os gusta? —les digo—. Las mismas que habéis dicho que ibais a intentar dejarlo.

—¡Pero es que a mí me gusta! —oigo exclamar a más de uno.

—¿Seguro? —respondo—. El tabaco está malo, ¿no? Yo no lo he comido nunca, debe estar malísimo, pero sí recuerdo el sabor que dejaba en mi boca cuando fumaba. No creo que mojes un cigarro en un café o un té como si fuera una galletita, ¿verdad? Es broma, supongo que más bien te gustan ciertos acontecimientos y a estos les has puesto tú un cigarrito. ¿Puede ser?

—Puede ser. ¡Pero a mí me gusta fumar!

—Tal vez no te guste. Me inclino por que en algunas ocasiones, ya sea al salir del trabajo, al estar de cervezas con los amigos o al celebrar un gol de tu equipo, haya habido un componente de más: un cigarro. Puede ser que a la hora de premiarte por tus logros hayas brindado junto a tu compi. Quizá creas que fumarte un pitillo al terminar de trabajar hace más triunfal tu salida. Que cuando por fin los niños duermen tienes que premiarte con un cigarro. Que te lo prohíbas delante de tus hijos y te recompenses cuando no están. En ciertas emociones o acontecimientos está el tabaco y tú crees que es distinto. ¡Es que un cafecito sin un cigarro es insípido! ¡Comer sin el cigarrito de después es diferente! ¡Una buena conversación sin él es menos interesante! ¡Una relación sexual sin el pitillo correspondiente al terminar es menos satisfactoria! Nada, según tú, es igual sin un cigarro. ¿Quién de aquí ha estado sin fumar, aunque solo fuera tres días? —suelo preguntar a la sala—. Al enfermar, por ejemplo, cuando prácticamente la nicotina se ha eliminado del cuerpo y se ha recuperado el sabor original del tabaco.

—Yo me tiré una semana después de un resfriado grandísimo —me comentó en una ocasión una mujer—. Malo no, malísimo. Empecé a toser en la primera calada, incluso me mareé. ¡Qué tonta fui! Después de siete días sin fumar y no aproveché el momento.

El tabaco tiene mal sabor y hace que no saboreemos las comidas o las bebidas. Independientemente del sabor de un cigarro, la idea de decir que te gusta el tabaco es una excusa. Y, además, barata, ante ti y ante todos los que saben que lo vas a intentar —«¡Como me gusta, no lo voy a conseguir!». «¡Yo quiero dejarlo, pero es que me gusta!»—. Un pretexto perfecto para retrasar una vez más la idea de liberarte del tabaco. Barato, repito, pero costoso porque te lo has creído. Muy caro porque piensas que te va a costar trabajo. A partir de que te convenzas de que fumar te gusta, te obligas a buscar algo o alguien que te fuerce a dejarlo.

El peligro de reducir el consumo

Creer que te gusta el tabaco es inexcusable y puedes cometer el error de reducir el consumo. Si lo haces, te resultará más difícil tomar la decisión y tu programa funcionará a menor ritmo, pero lo hará. Es como si tuviera un virus.

Recuerdo a un muchacho que pasó de fumarse treinta cigarrillos al día a seis. Una cantidad estructurada y programada. Uno para el café de la mañana, otro para el descanso del trabajo, otro al salir, otro para después de comer, otro por la tarde y el último antes de acostarse. Al principio, como es lógico, debido a sus creencias de la existencia de mono, lo pasó muy mal en momentos concretos. En otros, incrédulo, como si este no existiera. Esto suele ser normal, pero me llamó la atención lo que me dijo:

—Llegué a amar los seis cigarros que me fumaba al día. Eran gloria para mí. Los deseaba. Miraba el reloj constantemente esperando que llegara la hora. Y llegado el momento, se quedaba corto. ¡Me hubiera fumado dos seguidos! Al cabo de las tres semanas había una parte de mí que me aseguraba que por uno más no pasaba nada. Cuando menos lo esperaba, esa frase estaba constantemente en mi cabeza. Escogía las celebraciones para ese uno más.

Es probable que te haya pasado igual que a este chico. Que hayas llegado a contar los minutos hasta poder fumar y que hayas sentido que amas determinados cigarros. Esto les suele pasar a los que tienen prohibido fumar en el trabajo o en casa. Que se prohíben o se lo prohíben.

Si piensas que un paquete perjudica, pero cinco o seis cigarros no, y cometes el error de reducir el consumo o tienes la firme convicción de que te gusta fumar, te va a costar trabajo desprenderte de dicho «placer». Si es tu caso, casi con toda seguridad has escogido ciertos momentos y sin darte cuenta te has premiado con esos

cigarrillos para que te rescaten del tercer grado peniten-
ciario. Una liberación falsa, pero sentida cuando llega la
hora escogida del permiso. Tal vez creas que tomas aire,
que deseas ese momento, que amas ciertos cigarros y que
te gustan.

—Llevo años fumando cinco al día —aseguró una
joven que acudió a un curso con su pareja—. Cuando
fumo más es por culpa de mi marido, porque si lo hace
delante de mí me cuesta mucho no dar unas caladas.
Algunas veces soy yo quien le enciende el cigarro,
aunque a él no le apetezca. Cuando entra el humo por
la garganta me sabe a gloria.

—Al restringir el consumo te prohíbes fumar determinados cigarros —le expliqué—. Si tu esposo fuma,
te das permiso para dar unas caladas. Es normal entonces que te sepan así.

Si reduces el número de cigarrillos y eliges los que
te des la licencia de fumar, te lo estás prohibiendo. Te
llamará especialmente la atención y contarás los minutos entre cigarro y cigarro o estarás deseando que tu
pareja encienda uno. Amarás un cigarro y le pedirás matrimonio. Y algo importante: creerás que lo tienes conseguido a medias, lo pondrás en cuarentena y dudarás
del momento de empezar a cuidarte para liberarte de
esta esclavitud.

> **Si reduces el consumo de tabaco corres el riesgo de creer que te gusta al prohibirte fumar. Estarás deseando que lleguen esos instantes donde te das permiso de hacerlo y tendrás la falsa creencia de que lo controlas.**

¿Te relaja en situaciones de estrés?

No quisiera olvidar los comentarios que algunos asistentes a los cursos me hacen en cuanto a la sensación placentera al entrar el humo por su garganta. Hay personas que sienten la ansiedad en la garganta o el cuello. Creen que les gusta el efecto de calma que les produce una calada. Aunque sea mínimamente, la sensación de estrechez desaparece. O posiblemente estén creyendo que les relaja.

Podría aceptar esto último. Las veces que un cigarro te ha relajado después de una discusión y de un momento estresante han sido innumerables. De modo que es lógico y normal que pienses así. Pero no lo hace.

Desde tus comienzos con el tabaco has sentido que fumar te relaja. Recordando el apartado «Tu programa de fumar», ¿cómo pudiste y puedes relajarte fumando? Puede ser que después de todo el estrés que te produce un cigarro te tranquilices un poco. Digo después porque mientras lo haces es imposible por razones obvias por muy acostumbrado que estés. Si fumar acelera tu ritmo cardíaco y te sube la tensión arterial, ¿cómo te va a calmar? Un cigarro tiene un efecto placebo en ti con la falsa pero convincente creencia de que te relaja.

En plena discusión acalorada tu cuerpo está en tensión. Es probable que cuando acabe este se relaje y creas que un cigarro lo hace porque asocies una situación tensa a él. ¿Cuántas veces después de un susto, como un pequeño accidente de coche, has tenido más sueño de lo normal durante el resto del día? Tras una discusión, ¿no te parece que te has cansado? Puede incluso que hasta te fatigues después de un cigarro. Fumar te cansa, no creo que te relaje. Tal vez ya estés fatigado de fumar.

El cuerpo se relaja después del estrés que te produce un cigarro. A los treinta segundos de apagarlo tu organismo empieza a normalizarse, la tensión arterial comienza a bajar y tu ritmo cardíaco disminuye, ¿no crees que treinta segundos pasan muy rápido? Este tiempo es lo que has tardado en leer este último párrafo. ¿Cómo no vas a creer que un cigarro te relaja?

Hace años tuve un accidente de barco mientras pescaba con mi gran amigo Juan Pedro. Cuando alcanzamos tierra firme, tras el rescate y contar nuestra hazaña a todos los bañistas, nos entró un sueño incontrolable nada más sentarnos. Tú, igual que yo, después de someter al cuerpo a un agente estresante, te relajas.

Si con cada cigarro que fumas, tu cuerpo, aunque sea mínimamente, se estresa debido a sus componentes venenosos, es normal que te tranquilices después de apagarlo. Si al terminar ciertas tareas o al acabar el día te relajas y lo haces en compañía de un cigarro, evidentemente creerás que tu camarada te premia y te calma. Pero te relajas por descansar y no por fumar.

> **Un cigarro te tensa,
> nunca te relaja
> y jamás lo hará.**

Cuando estás sin fumar el cuerpo se regula. Si el tabaco ha envejecido tu estado físico, este se normaliza. Después de comenzar esa parte de tu historia libre y mantenerte en el objetivo, físicamente, tanto interior como exterior, estarás mejor que nunca y te será indiferente un cigarro para relajarte.

Ya no tienes justificación para seguir con el sedentarismo y no hacer ejercicio. Estarás menos fatigado. No tendrás por qué esperar a que el agua alcance su punto de ebullición, quemarte y morir despacio. Ya no hay excusas para desprenderte del tabaco. ¿O todavía te queda alguna?

Momentos de concentración

Me he encontrado con gente que me ha comentado que fumar les ayuda «a concentrarse».

Cuando intentas concentrarte procuras no tener distracción alguna. Te abstraes de todo aquello que pueda desviar tu atención o molestarte. Procuras tener un estado de tranquilidad. Por lo tanto, si un cigarro te estresa, no creo que estés tranquilo.

En mi época de empresario, cuando intentaba concentrarme en algún presupuesto, fumaba de forma compulsiva con la falsa creencia de que me ayudaba a estar más lúcido. Escribiendo estos párrafos he recordado que era solo una ilusión. Una falsa suposición. El tabaco no te ayuda a concentrarte, puesto que te pone más nervioso. Por lo tanto, te lleva a fumar más y a entrar en una especie de espiral. Cuanto más inquieto estás, más cigarros enciendes esperando que el siguiente te ayude a relajarte y a concentrarte. Además, un fumador tiene las arterias y las venas obstruidas y menos oxígeno en el cerebro. Por lo tanto tu capacidad de concentración disminuye.

El deporte, la juventud y el tabaco

Sabemos que el consumo de tabaco reduce la capacidad pulmonar y el oxígeno en sangre. Por esta razón un fumador va restringiendo progresivamente su actividad física y continúa adaptándose a su esclavitud. Pero hay personas que fuman y hacen deporte. Si es tu caso y practicas algún tipo de ejercicio físico, tendrás otra creencia falsa: que tu capacidad pulmonar se mantiene intacta y que el tabaco no te quema. Si piensas que no te afecta, tal vez quieras dejar de fumar mañana.

Indudablemente, si no fumaras tu rendimiento tendría que ser más alto, esto ya lo sabes, pero te conformas reduciendo los efectos nocivos de un cigarro o, mejor dicho, te engañas creyendo que los reduces.

Un día, al terminar mi partido de pádel, en el tercer tiempo —la cerveza— nos juntamos al menos veinte jugadores. Hubo un compañero que, con el cigarro en la mano, me dijo:

—Tengo que dejar de fumar. Me cuesta cada vez más resistir la hora y media de partido.

—¡Pues yo soy un máquina! —aseguró otro del grupo—. Fumo lo que quiero y como si me echan dos horas de pádel.

—¿Crees que porque haces deporte no lo llevas dentro? —no pude evitar decirle—. Hacer ejercicio lo está escondiendo, pero lo nocivo del tabaco está ahí. Además, te estás privando de algo que te encanta: si no fumaras podrías jugar más tiempo al pádel. Con el deporte te sientes joven y crees que después de un largo recorrido fumando tus arterias y pulmones siguen como los de un chaval.

Si eres joven o lo aparentas, ¿por qué esperar a sentir las consecuencias negativas que produce el tabaco? Si tienes entre veinte y treinta años, posiblemente veas a mucha distancia a los que tienen cincuenta. Esto hará que lo vayas posponiendo y tengas una excusa para un día más. Pensarás que tú no vas a llegar a sufrir los efectos nocivos porque antes lo habrás dejado, ya que te faltan y te sobran años.

Si la apariencia de tu piel es la de una persona no fumadora, tal vez esperes a que tus arrugas te digan que tienes que abandonar el tabaco. Si fumas poco o prácticas deporte siempre habrá alguien a quien le perjudique más que a ti. Será el cigarro quien te pida matrimonio, le prometerás fidelidad, lo amarás y lo estarás deseando hasta que la muerte os separe. Por muy lejos que veas los daños, ¿para qué continuar aclimatándote según se vaya calentando el agua? ¿Para qué proseguir gastando energía? ¿Para qué continuar fumando?

No busques excusas sin motivo ni tanto pero que valga, puesto que son inexistentes, para continuar fumando. En el momento que compruebas que te relajas sin un cigarro, te concentras sin él, recuperas el olfato y el gusto, que aumenta tu rendimiento y actividad y que todo el exterior a tu mundo de fumador es indudablemente mejor, se acabó adaptarte. Los pretextos para permanecer en tu nueva vida serán sensatos y madurarán minuto a minuto.

¿Aumentarás de peso?

Sobre esto he escuchado de todo. Me han llegado a reconocer que no saben si es mejor continuar fumando o engordar.

—Cuando lo he dejado otras veces he cogido muchos kilos —me comentó un asistente de un curso una vez—. ¡Seguro que ahora me pasa igual! Dudo qué es más perjudicial para mí: los kilos o el tabaco.

—Mi primo cogió muchos kilos al dejar de fumar y, ¡claro!, ¿cómo no me va a pasar a mí también? —aseguró otro.

Voy a hacerte unas preguntas: ¿alguna vez has ido a la despensa cuando estabas aburrido o estresado? Y cuando has llegado, ¿te has tirado un ratito sin saber qué escoger? Yo soy de los que cuando están agobiados van veinte veces al frigorífico. Mientras escribía el libro me he levantado unas cuantas y una vez allí he estado pensando qué comer. Voy veinte, aunque solo como dos. Si vacilo qué coger, bebo agua. En mitad de una película de acción me levanto a por un *snack*. Y si llego inquieto a casa, entro en trance alimenticio y me como todo lo que me encuentre por el camino. Cuando no controlo el estrés, tengo hambre.

> **Numerosos estudios revelan
> que el estrés incontrolable altera
> el cerebro, creando hambre psicológica.
> Esta nunca será calmada con la comida.
> Controla tu repuesta al estrés y
> no necesitarás comer en exceso.**

Los niños cuando se aburren o recuperan tiempo en su programación diaria, como un festivo entre semana, se alteran. Están nerviosos e irascibles. Como dice mi madre, dan la lata. Están aburridos por haber desestructurado su planificación. Esto y el estrés les lleva a tener constantemente hambre. Mi hijo, cuando juega a la consola y se estresa con sus compañeros *online*, se levanta al cajón donde guardo las galletas y acaba con ellas.

Si controlas el estrés y la ansiedad, no necesitarás calmarte con la comida y, posiblemente, te mantendrás en tu peso, incluso puede ser que adelgaces. Cuando acabes el libro tendrás todos los secretos para dominarlo.

Las pautas para evitarlo

¿Recuerdas cuando mencionaba en capítulos anteriores el estrés y el aburrimiento? Pues ya sabes cómo controlarlos.

Si sigues a rajatabla los criterios que te doy, es muy probable que te mantengas en tu peso. Pero ¿y si además de dejar tu programa sin utilizar, adelgazaras? ¿Y por qué no?

Cuando imparto un seminario de adelgazamiento siempre doy unas pautas. Si es necesario, escríbelas en un papel y llévalas contigo cuando te dispongas a comer:

- Haz un desayuno como el que haces habitualmente.

- Procura comer una pieza de fruta o un zumo cada dos horas y media.

- Cuando te dispongas a comer a mediodía, bebe antes un vaso de agua fresca y haz una comida consciente.

- Cuando sientas la sensación de llenado, detente y hazte una pregunta: «¿Para qué continuar comiendo? Ya he sentido mi sensación de llenado».

- Después de la comida de mediodía descansa durante treinta minutos en un sillón relax. Si no tienes uno, hazlo en el sofá o en la cama bocarriba.

- Si no dispones de este tiempo, reposa al menos diez o quince minutos. Y cuando termines, si te apetece algo dulce o azucarado, toma una galletita como mucho.

- Merienda como de costumbre y llegada la hora de la cena, prepárate algo ligero. Procura acostarte cuarenta y cinco minutos después de cenar, y si no, reposa diez o quince minutos bocarriba antes de dormir. Y no te olvides de visualizar una vida saludable.

- Procura andar a paso ligero entre setenta y noventa minutos al menos cuatro veces a la semana. Esto es importante, ya que tu metabolismo se recarga y desechas lo innecesario para el organismo. Andar a paso ligero está considerado tan beneficioso como la meditación. Es una meditación atenta y consciente que te ayudará a gestionar ciertas emociones.

Otros de los motivos que nos hacen comer con ansiedad son los alimentos procesados —como la *pizza*, la repostería industrial, las carnes procesadas, los refrescos, etc.—, debido al azúcar y a otros componentes. En cierto modo son alimentos placenteros. Sigue una dieta equilibrada y mediterránea. Aumenta tu actividad física y podrás sentir motivación y recompensa sin necesidad de utilizar esta clase de alimentos.

Abandona el sedentarismo si es tu caso. Mantente en forma. Controla tu respuesta al estrés y será innecesario que te calmes con comida. Márcate un objetivo, no en kilos, pero sí en salud y sin fumar. Si lo ves adecuado, con el dinero que ahorras en tu nueva etapa puedes ir a un especialista en nutrición que estudie tu metabolismo, tu nivel de grasa, etc. Te ayudará a comer equilibradamente, a mantenerte sano y a perder algún kilo que te sobre. Como te he dicho, tal vez incluso adelgaces cuando empieces con tu nuevo ciclo libre del tabaco.

Alguna persona me ha comentado que cuando ha intentado dejar de fumar en ocasiones anteriores se ha estreñido. Si te ocurriera esto, acude a tu médico o nutricionista. Ellos te recomendarán una dieta para regular tu flora intestinal.

¿Cuál es tu propósito cuando comiences el ciclo libre del tabaco? ¿Engordar, adelgazar o mantenerte? Mantente saludable en la medida de lo posible y camina, camina y camina con determinación. Con cada zancada dejarás huella en tu nueva ruta sin cigarro que te acompañe.

Beneficios de un fumador

Podría dejar estas líneas en blanco o podría escribir algo parecido a cuando dije que el tabaco no te aporta nada en absoluto, pero en esta ocasión voy a hacer todo lo contrario: voy a romper una lanza a favor de los componentes de los cigarros. A lo largo del libro no habrás leído ni leerás nada que hable mal de ellos, ¿para qué? Si ya eres conocedor de lo que te perjudica, y si hiciera alguna mención, no creo que te sorprendiera.

Como te he comentado voy a hablar bien del tabaco. Numerosos laboratorios han intentado descubrir de qué esta compuesto un cigarro, aparte de nicotina, benceno, cadmio, alquitrán, amoniaco, cianuro, trazas de metal, etc., y de los producidos en la combustión, es decir, en el humo. El fruto de sus investigaciones no va más allá de lo que ya sabemos. ¿Pero qué tendrá un cigarro que al levantarnos por las mañanas con carraspeo, pitidos, con tos o con dolor de garganta de la cantidad de pitillos fumados el día anterior a la segunda calada del primer cigarrillo de la mañana desaparecen los síntomas? Hay algo que se nos escapa, además de tantos y tantos ingredientes tóxicos y cancerígenos, pero no creo que sea nada bueno. El caso es que te engaña quitándote estos síntomas. De esta forma solo pensarás en dejar de fumar cuando tu médico te lo prohíba, cuando ya no puedas subir escaleras o cuando te cueste hacer el amor. Meter todos los componentes dañinos en un cigarro en la justa medida para que no te afecte la primera calada y lo haga poco a poco y día a día sin darte cuenta es una obra de arte.

4.

Termina de entenderlo

Termina de entenderlo

La verdad sobre el tabaco

Cuca es una perrita de color chocolate de la raza turco andaluz. Un miembro más de la familia que llegó a nosotros con tan solo un mes.

> —Papá, ¿cómo vamos a enseñarle que responda a su nombre, que nos dé la patita, que se tumbe en el suelo y todas esas cosas que hacen los perros? —me preguntaron mis hijos.
>
> —Pues… no tengo ni idea —fue lo único que les pude responder.

A la mañana siguiente, nada más despertar, recordé a Pavlov, Watson y a Skinner, y empecé a utilizar con Cuca el estímulo, la respuesta y el premio. Mis hijos se quedaron atónitos cuando se sentó unas cuantas veces al decirle «sienta». Me preguntaron que cómo lo había conseguido y les expliqué de una forma muy entendible para ellos cómo respondía la perrita a la orden con un premio; es decir, Cuca había asociado la orden mediante el estimulo de una recompensa, la salchicha.

Cuca nos sorprendió por la rapidez con la que aprendía con un mes y poco. Había momentos en los que se sentaba cuando cogíamos solo la salchicha. Su cuerpo funcionaba automáticamente sin una orden. Funcionaba solo. Cuando le decíamos que se sentara y no la recompensábamos con nada, se levantaba. La cuarta vez que se sentó sin recibir premio, dejó de hacerlo, incluso ordenándoselo. ¿Para qué o por qué iba a sentarse? Ya no había chuche. Es decir, una orden sin estímulo no conlleva ninguna respuesta. Había que darle de vez en cuando una salchicha junto con la orden. ¿Para qué? Para que continuara asociando «sienta» con «salchicha». Si estábamos una temporada, por poco que fuera, sin dársela, hacía caso omiso. Si volvíamos a inclinar ligeramente hacia atrás por encima de su cabeza la salchicha y al unísono le decíamos «sienta», volvía a recordar el estímulo, la respuesta y el extra. Se sentaba sin pensarlo. Cuando estaba relajada era cuando más aprendía. Le enseñamos a tumbarse, a que nos diera la patita, a que se hiciera la muerta y, lo más curioso, si le dábamos la orden de «relaja», se recostaba y cerraba los ojos esperando unas caricias.

> **Los humanos asociamos y aprendemos igual que algunos animales.**

Asociación

Partiendo de esta base y de los numerosos estudios e investigaciones con animales en determinados comportamientos que lo demuestran, y recordando el apartado «Tu programa de fumar», cuando creaste el hábito con tus primeras caladas sentiste determinadas emociones, las cuales te aportaron un beneficio. Como quisiste volver a experimentarlas, fumaste de nuevo.

Con tus primeras caladas y los cigarros siguientes en busca de algo parecido comenzaste a asociar distintas situaciones con el tabaco y su recompensa. Y al dejar de sentirlo se convirtió en una costumbre. Dejaste de hacerlo aproximadamente a las tres semanas, por mucho que aumentaras el consumo. A partir de ahí, el hábito hizo que tu cuerpo funcionara en modo automático.

> **Sin tú saberlo quieres sentir lo mismo que notaste con tus primeras dosis de nicotina.**

En un curso, antes de hablar de todo esto, provoco ganas de fumar. ¿Cómo lo hago? Al inicio, a colación de mi introducción, les hablo de su estructura. Mientras les doy la programación les asocio el descanso con salir a fumar, tengan ganas o no. Con tan solo chasquear los dedos, o les apetece, o se acuerdan del cigarro.

—Después de la primera parte —les digo—, saldremos por esa puerta a fumar. Es obligatorio hacerlo. Entraremos, continuaremos con la charla y, al terminar la segunda parte, habrá otro descanso en el que volveremos a salir por esa puerta a fumar. Os apetezca o no, es indispensable hacerlo. Al entrar, como es lógico, proseguiremos con el curso. Cuando llegue el siguiente descanso, saldremos por esa puerta a fumar. Como he comentado antes, hay que fumar. En el último descanso saldremos por esa puerta a fumar uno o dos cigarros. Por último, al final del todo, haremos un ejercicio de visualización.

Las cuatro veces que les digo que saldremos «por esa puerta a fumar» la señalo y hago el gesto de un chasquido de dedos con su implícito sonido. Cuando salen en el primer descanso a colación de decir «salid por esa puerta a fumar», la señalo y chasqueo los dedos. En ese instante han asociado descanso, cansancio o descansar con fumar. Les apetezca o no, todos lo hacen y encienden un cigarro. Han sido ellos los que han afianzado dicha asociación.

En la siguiente parte del curso, con tan solo chasquear los dedos señalando a la puerta unas cuantas veces mientras hablo —sin mencionar las palabras tabaco, cigarro o fumar— manifiestan inquietud. Unos la miran de reojillo y otros se echan mano al bolsillo buscando su paquete de tabaco. Todos, sin excepción alguna, se acuerdan de fumar. A unos les apetece sin saber por qué y a otros no, pero todos se acuerdan. Y repito, sin hacer alusión al tabaco, a un cigarro o a fumar. Pero como prosigo con la charla, vuelvo a captar su atención y se les va de la cabeza.

Aproximadamente treinta minutos antes de llegar al segundo descanso doy el chasquido de dedos y les pregunto si les apetece fumar. Un 80% quiere y el 20% restante se acuerda de un cigarro. Como es lógico, por dos motivos: uno es por la asociación del chasquido de dedos señalando a la puerta y el otro por nombrar la palabra «fumar», ya que cuando les doy la programación menciono en varias ocasiones esta palabra.

El hábito es una asociación, incluso si fumas poco. Desde que te levantas por las mañanas hasta que te vas a la cama a dormir. Fumar es una asociación en todo. Esta es la verdad de tu hábito. Has asociado emociones y situaciones. Estrés o descanso. Alegría o tristeza. Discutir o hacer las paces. Coger el teléfono o leer un libro. Tomar una cerveza o un café. Después de comer o hacer el amor. Pasear al perro o sacar la basura. Salir del trabajo o entrar en él. Conducir y determinado kilómetro o calle. Terminar de hacer algo, aburrimiento y entretenimiento.

Voy a hacer un inciso para contarte lo que le pasó a un asistente a uno de los cursos. Al hacer el chasquido de dedos por primera vez, cuando aún no lo habían vinculado ni les había hablado de la asociación, este hombre dio un respingo en la silla y fue a coger su paquete de tabaco. En el descanso me comentó que en el trabajo su encargado chasqueaba los dedos cuando era la hora del bocadillo.

> —Tienes la misma costumbre que mi encargado —me dijo—, y cuando has chasqueado los dedos me he acordado de descansar, del bocata y de un cigarro. No he salido de milagro.

¿Por qué tienes ganas de fumar?

Si te apetece fumar ahora, coge un cigarro, mantenlo en la mano sin encender y presta atención al siguiente párrafo espaciado.

Piensa, por favor, en la pierna que te pesa más. Si la pierna izquierda o la derecha. Una pierna pesa más que otra. Piensa en el brazo que te pesa más. Un brazo también pesa más que otro. Piensa en la pierna contraria y en el brazo contrario. Si no descubres qué pesa te pierna más o el brazo que te pesa menos es irrelevante. Aun así, pregúntate, qué pesa me pierna más y olvídate del brazo que menos piensa. Si es la pierna izquierda piensa en la derecha y si es la derecha, en la izquierda piensa. Pierna ahora, por favor, en el brazo contrario al que menos te piensa. Pregúntate si comes con la cuchara derecha o con la cuchara izquierda. Piensa si siempre comes con la cuchara derecha o izquierda según si eres diestro o zurda. Por norma general comemos con la cuchara derecha cuando eres zurdo y con la izquierda si eres diestra. O ¿la cuchara no es derecha ni izquierda?

Vuelve a mirar el cigarro. Obsérvalo, puedes fumártelo o puedes continuar leyendo con él en la mano. Si tenías ganas de encenderlo, posiblemente se te hayan quitado. Si solo tenías el pensamiento de un cigarro, habrá desaparecido con la lectura. Treinta segundos aproximadamente has tardado en leer el párrafo espaciado. Desviando la atención se han ido las ganas de fumar en menos de medio minuto.

Trata de hacer lo mismo cuando necesites ir al baño. Por mucho que desvíes la atención leyendo estos párrafos, las ganas no se te irán, puesto que es una necesidad fisiológica. Por lo tanto, tus ganas o acordarte es solo eso: un pensamiento que en medio minuto desaparece al focalizarte, por ejemplo, en las erratas de un texto.

Indistintamente el capítulo que leyeras, tendrías ganar o no de fumar. Y eso es así porque he incorporado en el libro algo parecido al chasquido de dedos con palabras colocadas en lugares concretos.

Cuando les pregunto a los asistentes de un curso si les apetece fumar antes de llegar al descanso, les doy un texto idéntico al que tú acabas de leer a los que creo que tienen más necesidad de nicotina. Una vez que lo leen, desaparecen sus ganas. Pero no solo las suyas, también las de los que escuchan por estar atentos al compañero. *A posteriori* es cuando les explico cómo he asociado el chasquido con salir a fumar y entienden por qué se habían acordado de un cigarro sin motivo aparente en el trascurso de la segunda parte. Tus ganas de fumar no son una necesidad fisiológica ni física, ni tan siquiera psicológica o psíquica. Está claro.

Disociando

Has asociado un cigarro con todo lo que haces y lo que no haces. Como ya te has percatado, fumar es toda una asociación.

> **Todo lo asociado se puede disociar y desaprender.**
> **Todo gesto automático se rompe con la misma facilidad que se asoció.**

Al hablar a los asistentes de por qué se acuerdan de un cigarro, todos sonríen. A partir de ahí, cada vez que chasco los dedos señalando la puerta lo recuerdan, pero de distinta forma, incluso sonríen de nuevo. Ahora ya tienen información y son conscientes de ello.

Ya sabes cómo y cuándo has relacionado un cigarro con todo lo que haces y dejas de hacer. Ya puedes tomar consciencia de ello. Te irás acordando cada vez menos y lo harás de forma distinta que hasta el momento. Es diferente, aunque lo rememores.

Con esto espero que entiendas que tus ganas o tu pensamiento de un cigarro en determinadas ocasiones no es casualidad. Ha sido, como ya te habrás dado cuenta, a causa de todas las asociaciones que has hecho desde que creaste tu programa con tus primeras caladas a base de repeticiones. No es síndrome de abstinencia.

Según mi experiencia de tantos años ayudando a miles de personas y a mí mismo puedo decir que cuando comiences tu etapa libre del tabaco te acordarás de un cigarro sin que te apetezca. Pero si no obtienes recompensa, te es desagradable o carece de sentido, cesará en un tiempo. Como la existencia de mono físico es irreal, se disocia lo psicológico. Todo lo aprendido se puede desaprender, en particular el inconsciente y dañino hábito de fumar.

Con esta última parte quiero aclarar lo siguiente, y lo voy a hacer igual que lo hago en los cursos: al principio se te irán las manos solas a un cigarro o al paquete. Desvía la atención o focalízala en lo que estabas haciendo y el acto de fumar desaparecerá como si tuvieras una cartulina de color blanco interponiéndose entre tus manos y el cigarro, y en la que con letras mayúsculas tiene escrito: «¿PARA QUÉ CONTINUAR FUMANDO?».

Cuando se repita la idea de fumar, no obtengas recompensa (si te fumaras un cigarro) y te preguntes para qué continuar fumando, ese pensamiento tendrá los días contados. Aunque te acuerdes de un cigarro, lo harás de forma distinta. No es mono ni ganas de fumar lo que has tenido hasta ahora. Ya sabes por qué te acuerdas.

Todo gesto condicionado con un premio o con una sensación agradable se hace más fuerte, pero cuando no lo hay o lo recibido a cambio te es desagradable o te perjudica se pierde, y es muy poco probable que se repita en un futuro.

> **Hay cuatro requisitos**
> **para que se pierdan**
> **las ganas de fumar:**
> **no recibir nada a cambio,**
> **que no te agrade,**
> **perjudicarte y no tener**
> **necesidad física.**

Pon en tela de juicio la existencia del síndrome de abstinencia, ya sea físico o psicológico. Al final del todo no habrá causa que lo provoque. En el último capítulo, cuando tu última página esté sin escribir, comenzarás una nueva vida libre del tabaco, se disociará lo aprendido fácilmente y será muy poco probable que se repitan en un futuro las ganas de fumar.

5.

Encontrar la ocasión

5.

Encontrar la ocasión

El caso de Magdalena

Magdalena es una chica que estuvo tres semanas sin el hábito después de un curso. Cuando me llamó para decirme que lo estaba pasando mal, la cité para el día siguiente, pero antes le pregunté por sus primeros días. Me dijo que lo llevó genial, sin embargo, la segunda semana tenía ganas de encender un cigarrillo.

> —Fuma sin remordimiento y te veo mañana —le dije.
>
> —¿Cómo voy a fumar —me contestó—, si llevo ya tres semanas sin hacerlo? Yo no quiero.

Ya en la reunión me repitió nuevamente que los primeros siete días hizo todo lo que habíamos visto en el curso y que no entendía cómo al cabo de una semana le apetecía de nuevo un cigarro. A pesar de que le pedí que fumara, acudió sin haberlo hecho. Cuando le pregunté si estaba pasando por circunstancias delicadas me comentó que su pareja y ella lo habían dejado hacía unos cuatro meses.

—Nos hemos pasado más de dos años dejándolo y volviendo —me confesó—. Cuando yo decía que no, él más insistía en volver. Cuando yo cedía y volvíamos, al poco tiempo, él me decía que no quería continuar. Él decía que no, yo decía que sí. Yo decía que no, él decía que sí. Así durante más de dos años. Lo dejábamos y la primera semana estaba genial. A partir de la segunda lo echaba en falta y lo buscaba. Lo necesitaba, aunque era consciente de lo perjudicial de la relación, era como una tentación.

—Volvamos al tema del tabaco. ¿Tú por qué quieres dejarlo?

—Pues... No tengo ningún motivo. Tan solo quiero dejar de fumar. No, no, y no quiero fumar más. Es un reto que me he propuesto.

Dejarlo sí o sí

Un ejemplo muy sencillo que se puede aplicar a Magdalena es cuando una persona se hace la difícil. Ante una privación a ciertas libertades o hacia una conducta, como el fumar, se crea una resistencia. Esta nos puede llegar a causar una tentación al endurecer la actitud contraria a la deseada e incrementa su resistencia, y, por lo tanto, se genera una especial atención y su correspondiente tentación. Se cree que si la libertad es amenazada, reducida o eliminada —en este caso la de fumar— se volverá especialmente exaltada. La pérdida del hábito puede provocar un restablecimiento, incluso con más fuerza.

En el caso de Magdalena el «no» por costumbre y por respuesta hizo que le llamara especialmente la atención. Dejó de fumar con el «no» y como respuesta obtuvo un «sí». Se estaba autoconvenciendo de que tenía que dejarlo sí o sí. Se lo había propuesto. Lo tenía por costumbre y por respuesta. Cuando era no, era sí. Cuando era sí, era no. Era un reto. Una meta. No era un objetivo.

Si quieres dejar de fumar sí o sí, pregúntate para qué necesitas continuar fumando. Sabes que lo que te aporta el tabaco es absolutamente nada, es inútil. Esa es la única razón de peso para ser libre. Tómate un tiempo para pensar si quieres continuar. No te autoconvenzas de que tienes que dejarlo a la fuerza. El «no» puede suponer todo lo contrario.

> **No busques razones excusables sin motivo alguno. De lo contrario, te llamará especialmente la atención y será una gran tentación. Pregúntate para qué continuar fumando. No te canses de hacerlo. Deja la pregunta en el aire. De esta forma se romperán todos los porqués, los para qué y todos los por quién.**

Antonio y su médico

Antonio es médico de familia, viudo de cincuenta y cuatro años, que hacía dieciséis o diecisiete meses había estado en un curso. Cuando me llamó por teléfono me comentó que lo había dejado durante un año y que quería intentarlo de nuevo. Normalmente, cuando hay un asistente que ha tenido una recaída a partir del año, le cito para acudir a otra charla y volver a transmitirle todos los conceptos para empezar otra vez a cuidarse, pero dio la casualidad que el día anterior a su llamada había impartido un curso y tenía que esperarse quince días al dar otro fuera de mi localidad. Al decirle esto, me insistió en verle urgentemente. Solo cabía citarlo a solas y recordarle los parámetros de conducta que debía seguir.

Al llevarlo bien durante un año se extrañaba por qué había vuelto.

—No te sentirás obligado a dejar de fumar por tu profesión o por tus pacientes, ¿verdad? —fue lo primero que le pregunté.

—Bueno, un poco —me contestó—. Pero lo que más me empujó fue ¡el tostón de mi hija!

—¿Tostón?

—Sí. El tostón de mi hija. Llevaba años diciéndome que dejara el tabaco.

—Normalmente me encuentro alguna persona que otra que viene para dejarlo con la promesa a sus hijos o pareja. ¿Este es tu caso entonces?

—Mi hija estaba estudiando Medicina y me llegaba todos los días después de clase con un motivo para que yo lo dejara. Todos, absolutamente todos los días, al regresar de la consulta me la encontraba en casa esperándome con una razón más. Me ha llegado a decir que si no me daba vergüenza recomendar a mis pacientes que dejaran de fumar cuando yo lo hacía. Y me recordaba la de veces que había dicho con pena que le habían tenido que amputar a un hombre la pierna o que le habían dado el ultimátum a los pulmones de una paciente. Lo mío no es por una promesa a mi hija, es por no escucharla más. Menos mal que se fue a Gran Canaria a hacer la especialidad.

—¿Cómo y cuándo volviste a fumar?

—Justo al regresar de llevarla al aeropuerto. Fue despegar el avión y pensar en un cigarro. Después de tanto tiempo sin acordarme y sin saber el motivo, de repente, estaba en mi cabeza de nuevo. Conforme iba acercándome a casa pensaba en ello más y más. El caso es que ni me apetecía, pero fue entrar a mi pueblo y me paré en un estanco a comprar. Al llegar a casa me quité los zapatos, puse los pies descalzos encima de la mesa y me tiré un buen rato con el paquete de tabaco en la mano. Mi cabeza me decía constantemente que por uno no pasaba nada. Hasta que lo encendí. Cuando lo hice me supo de maravilla y me dije: «¡Qué bien, que hago en mi casa lo que me da la gana!».

Antonio quiso dejar de fumar por no aguantar el «tostón» de su hija y complacerla. Lo dejó por prohibición. Aunque se sintiera genial, la privación estaba ahí. Cuando su hija se fue a vivir fuera, puso agua de por medio y sintió la libertad de lo que le estaba prohibido. Deduje que su hija regresaba en los próximos días al tener tanta prisa en volver a dejarlo. Lo cual me corroboró.

Siempre queremos lo mejor para nuestros seres queridos, pero sin darnos cuenta podemos crear en ellos unas consecuencias contrarias a las deseadas. Si vas a dejar de fumar por no escuchar a los que quieres o ante la posibilidad de dejar huérfanos a tus hijos, tómate unos días. Tómatelos para saber si el tabaco te aporta algo.

No dejes de fumar por una prohibición, ya sea tuya, de tu familia, de tus amigos o de tu médico. De lo contrario, perderás la libertad de elección por muy beneficioso que sea para ti. Abrirás el candado que une las cadenas de tu esclavitud a un cigarro, pero no las soltarás.

Abandonarlo por amor

A pesar de los años transcurridos, recuerdo a una muchacha perfectamente y el motivo de su recaída. Siguió a rajatabla todos los parámetros que le di, exceptuando dos; no se guardó el secreto y prometió que lo dejaría.

—Lo llevé de escándalo, aunque estaba de muy mal humor. No entiendo por qué al cabo de dos semanas empecé a tener ganas de fumar. Me salió incluso hasta un herpes labial. Hice todo lo que dijiste en el curso. ¿Por qué me entraron ganas con lo bien que lo llevaba? ¿Y por qué ese mal genio especialmente con mi pareja? —me preguntó.

Me dijo también que había prometido a su chico que dejaría el tabaco por complacerlo. —«Demuestra que me amas y déjalo», le pidió su novio—.

—Fue decirme, aunque de broma, que no le había demostrado que le quería lo suficiente cuando había dejado de fumar sin esfuerzo y a partir de ahí me sentí vigilada, presionada y más nerviosa. Esa misma noche me apeteció un cigarro —admitió.

Esta chica fue convencida para que lo dejara. Aunque fuera por su bien, lo hizo por su compañero. Un motivo para estar de mal genio con él. Cuando le escuchó la poca demostración de amor al haberlo dejado sin dificultad, creó en ella la obligación de declarárselo con su hazaña. El muchacho encontró una forma de persuadirla y así animarla a dejar de fumar.

Tus seres queridos quieren lo mejor para ti y utilizan cualquier motivo —negativo o positivo— para animarte. Te convencerán para que prometas que lo vas a dejar o para que lo dejes por ellos.

Debes iniciar una nueva etapa sin presión. Demuestra que quien más te quiere eres tú. Empieza una fase solo y exclusivamente por ti y no por los demás. Por mucho que te quieran, no hay más motivo que el tuyo para cuidarte. Para mantener el objetivo de mantenerte libre —permíteme las redundancias—.

> **Empieza un nuevo camino para mantenerte saludable sin presión y sin demostrar nada a nadie.**

Al poco tiempo la joven me llamó para decirme que había roto con su pareja. Volvió a fumar nada más apartarse de ella.

—Tanto sacrificio inútil —me dijo—. Tengo la sensación de echarle el humo en la cara, aunque se encuentre a kilómetros de distancia.

Cómo saber si es el momento idóneo

Prácticamente a todos los cursos acude alguna persona con la promesa hecha a sus hijos, padres o parejas de dejar de fumar. Me he llegado a encontrar asistentes a los que se lo regalan por Navidades, cumpleaños o por el día de los enamorados, y como es lógico adquieren una obligación. He visto todo tipo de promesas, cumplidos y compromisos. Cuando no sabemos o no nos atrevemos a escoger un momento adecuado para dejar de fumar, cualquier excusa es buena para encontrarlo.

Fumadores que por sus creencias religiosas han hecho una promesa ante Dios a cambio de que les concediera algo. Al escuchar «a Dios rogando con el mazo dando», han pensado que al no haber sacrifico, sus oraciones y plegarias serían en vano. Entonces le dan la orden a su inconsciente de sacrificarse e incluso, si hiciera falta, de crucificarse para conseguirlo.

También he visto padres que canjean con sus hijos dejar el tabaco por una mejora de sus evaluaciones.

Algunos quieren servir de ejemplo a sus hijos. Lo mejor que pueden hacer es continuar fumando, de esta manera sus hijos verán el deterioro que les produce. Cuando quieres dar una lección dejando el tabaco les estás diciendo: «¡Hijo mío, no fumes, que dejarlo te va a costar mucho trabajo!». Otra advertencia que le haces a tu inconsciente, es que cuesta mucho trabajo abandonar el hábito. En lugar de hablarles de lo que les aporta en sus primeras caladas y facilitarles los recursos, les enseñas lo que supone abandonarlo, creyendo que así ellos evitarán crear el hábito.

Una vez un hombre con una enfermedad coronaria leyó en internet que el tabaco, al ser constrictor, ayudaba a endurecer las arterias, y en lugar de consultar a su médico, redujo el consumo. Creía que fumar menos le protegía de su enfermedad. Una mujer deseaba dejar de fumar porque era integrante de un coro y su voz había perdido tono. Días antes de la fecha del curso anuló su asistencia. Por razones burocráticas hubo que disolver el coro y automáticamente se desvaneció su principal motivo para dejarlo. Como ves, no encontraban el momento.

Fumadores que consideran dejarlo como una meta y piensan que tal vez lo consigan o tal vez no. Parejas que lo pasan mal al escuchar y creer de sus compañeros que estarán a su lado hasta que pasen el mono. Otra orden imperativa de aguantar como un jabato o como un campeón. Otros que creen que el terapeuta hace milagros, o esperan que Dios haga desaparecer el síndrome de abstinencia como por arte de magia o de casualidad.

Algunos quieren abandonar el tabaco al comprarse un coche, y corren el peligro de reducir su consumo tan solo mientras conducen. O hay quien quiere dejarlo ante la llegada de un nuevo miembro a la familia, con el riesgo de evitar hacerlo solo en su presencia. Personas que son resistentes y aprovechan su resiliencia para dejar de fumar creyendo que de esta forma están más preparados para superar cualquier desavenencia que se les presente. La orden al inconsciente es de resistir y superarse con el esfuerzo. Fumadores que aprovechan un resfriado o una gripe, y que vuelven a fumar tras su recuperación, quedándose con la sensación de ser unos idiotas por no haber aprovechado el momento.

Seguramente habrás prometido a alguien que dejarás de fumar. Querrás servir de ejemplo. Te has comprometido. Has cambiado un esfuerzo por otro o quieres demostrar lo que supone dejarlo.

Con todo esto le estás dando la orden a tu inconsciente de sacrificarte y esforzarte. Solo por el hecho de hacerlo con el compromiso, el cumplido o la promesa ya te supone una obligación, y hace que tengas que esforzarte. Promesa o compromiso es igual a obligación. Y esto a prohibición, como consecuencia tiene de respuesta un NO con mayúsculas que es igual a un SÍ inmediato o que a corto plazo te llamará especialmente la atención. Perderás la libertad creyendo estar libre. Necesitarás armarte de valor y fortaleza para cargar con la cruz. Sin darnos cuenta estamos hablando con nuestro inconsciente de una forma errónea. Le estamos dando una orden imperativa totalmente equivocada. ¿Y todo esto por qué?

> **Para comenzar una nueva vida
> sin tabaco que te acompañe no hace falta
> obligarte ni buscar el momento idóneo.
> Por ahora piensa para qué continuar fumando
> y deja la respuesta en el aire.**

Cambia tu forma de pensar y hazlo diferente. Que no te empuje nada ni nadie y así evitarás caer al vacío. Si juras, perjuras, prometes o te comprometes, tu inconsciente recibirá la orden de sacrificarte y esforzarte. Descansa de tanto buscar el momento idóneo.

Un solo motivo para dejarlo

Como hemos visto, todo fumador busca razones para dejar de fumar. Busca un por quién, un para quién, un para qué o un por qué tiene que abandonar el hábito, aunque la principal razón sea por salud. Nos apoyamos en causas de otros que en realidad son excusas para abandonar el tabaco. Compromisos o promesas ante ti o ante los demás que sirvan para no fumar. Por profesión o por profesionalidad. Por compromiso o por una apuesta. Por un juramento o un ejemplo. Por amor o para evitar que la muerte sea quien te separe. Un sí por atención o un no por tentación. Por condición como diablo o por eterna juventud. Un juramento por deferencia o una flagelación pendiente por cumplir.

Sabes que el tabaco no te aporta absolutamente nada. Fumar no tiene beneficio alguno. ¿Para qué hablar de los perjuicios que te ocasiona, de tu salud mermada o de que eres conocedor de que te está matando lentamente o acortando la vida? Tan solo piensa si tiene algún sentido o beneficio.

¿Por qué insisto tanto en que te preguntes para qué continuar fumando? Porque no es conveniente que tengas motivos ni razones para dejar de fumar. Te preguntarás por qué no. Si no hubiera motivos, ¿por qué ibas a dejarlo?, ¿qué razón te empujaría a tomar esta decisión? El tabaco es perjudicial, eso ya lo sabemos.

Si careces de pretextos para continuar fumando, rompes todas las prohibiciones, promesas, cumplidos y obligaciones, y podrás así comenzar razonablemente una nueva vida sin tabaco.

> **Si fuera beneficioso
> o incluso inocuo,
> ¿estarías leyendo este libro?**

La salud

Las autoridades sanitarias llevan años intentando concienciar a los fumadores para que abandonen un hábito tan dañino realizando campañas publicitarias en las que han impreso en las cajetillas imágenes de tumores, amputaciones, pulmones y dientes dañados, piel envejecida, etc.

Se han efectuado investigaciones sobre la influencia en el fumador de este tipo de campañas y vienen a decir que las imágenes en los paquetes de cigarrillos, creyendo que son preventivas, no tienen el impacto de prevención que se desea. Tan solo a parte de ellos les parecen realmente desagradables. Son más efectivas en personas no fumadoras, es decir, preventivas para comenzar el hábito que para dejar de fumar y en exfumadores.

Los resultados corroboran que la mayoría de las imágenes son percibidas como incómodas, pero el impacto no es suficiente. Algunas de estas fotos no tienen una percepción negativa; al principio es evidente que sí, pero nos acostumbramos a ellas y pueden provocar el efecto contrario; es decir, un acercamiento al tabaco. ¿No te has habituado a verlas ya y a escuchar lo perjudicial que es? ¿Has pensado más de una vez que el tabaco va a acabar contigo? O como me dijeron en una ocasión, que iba «a acabar con su matrimonio».

Recuerdo muy bien a un asistente de un curso de hace años por la emoción de sus palabras:

—Mi esposa falleció al nacer mi primogénito. Llevo años intentándolo, pensando que voy a dejar huérfano a mi hijo de diez años. Mi médico me ha aconsejado mil veces que lo dejara, y yo como un imbécil deseando que me diera un ultimátum para así obligarme. Pues... ya ha llegado, ieres mi último recurso y el de mi hijo! iEres mi esperanza de vida!

Da igual las imágenes de los paquetes de tabaco con las que ya te has familiarizado. Al principio inclinarías ligeramente la cabeza hacia atrás, pero hoy muestras insensibilidad e indiferencia. Hasta ahora te ha dado lo mismo lo que te aconsejara tu médico. ¿El tostón de tus seres queridos? Te has habituado a escucharlos y, si no te obligarás a sacrificarte con «el mazo dando». Que te hagan jurar y perjurar, que venga un nuevo miembro a la familia o estrenes coche, que sean cinco cigarros o fumes de liar. ¿Qué más te da?

Indistintamente de que te hayas acostumbrado, da igual los motivos que te empujen a liberarte. Da igual que te hayas aclimatado a que te falte el aire, a utilizar pasta dentífrica especifica, a toser, a resfriarte más a menudo, a tomarte pastillas para la tensión y la garganta, a servir de ejemplo a tus hijos, a gastar cinco euros diarios, a reducir o eliminar tu actividad física. Llevas tiempo habituando a tu cuerpo y gastando energía. Siempre hay una pastilla para regularte la tensión, un aerosol, un protector estomacal, un coche de inferior gama o una terraza donde no molestar, una prótesis dental, un antigripal, una lección que dar, un ascensor que coger y unas escaleras que evitar. Deja de acomodarte y no te adaptes más.

¿Te has cansado ya de fumar?

Si estás cansado, descansa. Eso es un motivo y, además, muy importante. Estar cansado de fumar y del cautiverio que produce un cigarro es agotador.

Comienza un nuevo ciclo. Descansa tu cuerpo del tabaco. Libérate de él descansando. Es muy fácil. Rompe las cadenas que te esclavizan y, si quieres, guarda el candado de recuerdo, pero descansa. Hazlo sin motivo y con razón. Suelta todos los porqués. Desata los para qué quieres dejarlo. Despégate y distánciate ligeramente de todos los por quién en este aspecto.

Si un ser querido preocupado por ti te ha regalado el libro o lo has comprado tú, no tengas el compromiso de leerlo y dejar de fumar, porque ni tan siquiera este libro tiene que empujarte. Comienza tu nueva vida descansando y te liberarás de la esclavitud de la que, seguramente, estás agotado. Rompe las cadenas. Libérate. Descansa de fumar, levántate y camina en libertad. ¿Para qué persistir con la tiranía de un cigarro? ¿Para qué continuar con la fatiga? ¿Para qué buscar más? Solo piensa en el cansancio que te produce. Tal vez el hecho de estar cansado te haga tomar la decisión de comenzar a cuidarte.

**Los únicos motivos sin excusa que debes tener
para comenzar una nueva etapa son:**

**ESTAR CANSADO DE FUMAR,
DE LA ESCLAVITUD DE UN CIGARRO,
DE CARGAR CON LAS CADENAS y
DE ARRASTRARTE.**

Posiblemente a partir
de ahora te cuestiones
el único motivo y
posiblemente encuentres
el momento idóneo
sin buscarlo.

6.

Errores típicos

6.

Errores típicos

Los sustitutos

Aún tengo la imagen de mi padre con un pitillo de plástico introduciéndole una pastillita de regaliz. Desde siempre se han usado chicles, caramelos o chupones. Y recientemente se utilizan mucho las grageas farmacológicas —a las que haré una breve mención más adelante—. Pero lo más popular entre los fumadores como método para dejarlo es hoy el cigarro electrónico.

Ojo con el vapeo

Vapeo o fumar los famosos cigarrillos electrónicos. Un aparato que funciona con una batería para seguir teniendo el gesto con unos líquidos recargables con o sin nicotina.

La Sociedad Española de Neumología y Cirugía Torácica (SEPAR) y el Comité Nacional para la Prevención del Tabaquismo (CNPT) no comparten este tipo de cigarrillos como ayuda para dejar el hábito. Son tan perjudiciales para la salud como los tradicionales.

Hará unos dos años salieron al mercado cigarros sin combustión, por lo tanto, sin humo, y que se pueden fumar en lugares cerrados —así no se perjudica a los de alrededor—. Los pioneros en este tipo de tabaco —una conocida marca— afirman que un 10 % de los componentes dañinos desaparecen al no generarse humo. Sin entrar en detalles de los componentes de estos, se supone que afectan menos. Es necesario un dispositivo electrónico y una batería que lo calienta con su cargador correspondiente. El coste es semejante a uno tradicional y el dispositivo vale unos setenta euros.

Un asistente a uno de los cursos me consultó no hace mucho si podía seguir fumando cigarrillos electrónicos.

—¿Hay alguna diferencia en cuanto al consumo? —le pregunté yo.

—Pues la verdad es que no. Estoy enganchado tanto al tabaco de liar como a los electrónicos.

—Te hago otra pregunta y que sirva para tus compañeros. ¿Qué te aporta el vapeo? Fumas de forma diferente, pero fumas. Es otro hábito igual de malo, incluso económicamente.

Si fumas tabaco sin combustión, al poder hacerlo en lugares cerrados, aumentarás el consumo, por lo que el beneficio de ser supuestamente menos perjudicial deja de serlo al incrementar la cantidad. Daña a tu bolsillo y a tu salud. Tu programa de fumar se quedará en *standby*, que es distinto a sin utilizar. Estará encendido esperando a que vuelvas. Y cuando lo hagas posiblemente será de las dos formas o abandones el sustituto y regreses al tradicional con más fuerza. Se ha demostrado que un condicionamiento puede ser reemplazado por otro o ambos mantenerse.

Alguna vez que otra me han comentado que solo vapean. El método es idéntico. Brevemente hago alusión a esta clase de cigarros y al peligro de utilizarlos como sustitutos. Son esclavos de otros cigarros. Ya sea de liar, el tradicional, el vapear o el de sin combustión; si es inútil, ¿para qué continuar fumando o vapeando? Olvídate del porqué, de para qué e ignora por quién tienes que dejarlo. Pregunta al aire y despreocúpate de la respuesta.

Si algunos líquidos para vapear carecen de nicotina, ¿a qué se enganchan los fumadores de estos cigarros? Si los componentes, según los vendedores, son naturales, ¿por qué se crea adicción? Es cierto que hay algunos que han dejado el tabaco con la ayuda de los cigarros electrónicos o sin combustión, pero se han enganchado a los mismos. Cuando las autoridades sanitarias eran permisivas para vapear en lugares públicos y cerrados, la venta de estos cigarros y de sus líquidos aumentaron, al tiempo que las visitas a mis cursos de enganchados a este cigarro también se incrementaron. Dejaban de fumar, pero instauraban el hábito de vapear. Al principio los trataba individualmente, pero al cabo de unas cuantas sesiones me percaté de que esta forma era gemela al tabaco. Por lo tanto, cuando me piden cita para dejar de vapear, los incluyo en un curso. Un individuo que fuma solo estos cigarrillos tiene las mismas inquietudes y asociaciones que los que fuman tabaco de toda la vida.

—Me mantengo seguro mientras vapeo ante la posibilidad de volver a fumar —me aseguró un hombre en una de las sesiones.

—Has utilizado un sustituto —le dije—, pero tus inquietudes son iguales a la hora de abandonarlo, con el agravante de estar pensando constantemente, aunque sea inapreciable para ti, que si lo dejas puedes volver al tabaco de siempre.

> **Un cigarro electrónico te aporta lo mismo que uno tradicional: nada. Creerás estar seguro sin percatarte de que estás creando otro hábito idéntico.**

Los parches y las pastillas

Hace unos meses el Estado comenzó a financiar un medicamento que, según me han comentado, tiene ciertos efectos secundarios. Aparte de este, existen otros métodos sustitutivos, como los parches, los espráis y los chicles con nicotina.

Prácticamente a todos los cursos acuden fumadores que lo han intentado dejar con algunas de estas ayudas. Y casi todos coinciden en que estaban a salvo con las pastillas, pero que fue dejar de tomarlas y ¡volver a fumar! También confiesan que por otro lado no se les iba el tabaco de la cabeza.

Al utilizar un sustituto del tipo que sea sentirás una sensación de tranquilidad mientras lo utilizas, pero sin darte cuenta estarás construyendo un muro que se puede derruir al desprenderte de esta ayuda. Sin pensarlo le estás dando otra de tantas órdenes a tu inconsciente: la de estar a salvo mientras los utilizas. Y créeme que esa es difícil de cambiar.

Las variantes

Un muchacho bastante joven me preguntó qué podía ocurrir con las «variantes», como él las llamó.

—Me da igual que se enteren todos mis compañeros. Yo me fumo unos porrillos de vez en cuando, ¿puedo seguir haciéndolo? —terminó revelando al final.

—Te hago yo una pregunta antes de contestarte. ¿Para qué utilizas tus porrillos?

—Para relajarme después de llegar del trabajo y para dormir. Me fumo tres petas y unos diez cigarros.

Si recuerdas, cuando hablé de los programas en nuestro inconsciente, dije que algunos tienen unos paralelos, como el de conducir un coche con marchas automáticas.

—Pues quien se fume unos porrillos tiene otro paralelo al de fumar —le contesté—. No has venido a este curso a dejar los petas, has venido a liberarte del tabaco. Así que sigue fumando esos porrillos, aunque si vas a comenzar a cuidarte, aprovecha y deja también este programa sin utilizar. Comienza una nueva vida en todo. Sin fumar tabaco y sus variantes.

Ya sean cigarros tradicionales, electrónicos, sin combustión o con aliño, todos son iguales. En el caso de los petas es cierto que relajan, pero hay otras alternativas para controlar el estrés, tanto mental como físico. *Mindfulness*, ejercicios de respiración abdominal, caminar a paso ligero, etc. Si utilizas los porrillos para dormir, puedes ir a tu médico y decirle que padeces un leve insomnio.

—¡Sí, hombre. Para que me recete pastillas, con lo malo que son los químicos! —exclamó.

—¿Las pastillas sí son malas por los químicos y los petas no? Si tu médico te receta algo para dormir es indudablemente mejor que los petas, además, las pastillas que te mande están testadas y llevan en el mercado muchos años. Si aprendes técnicas de relajación, te aconsejará dejar las pastillas progresivamente conforme vayas solucionando tu insomnio.

—Pero con los petas sí hay síndrome de abstinencia, ¿no?

Has de saber que los porros tienen pocos síntomas de abstinencia. Sin entrar en detalles sobre los detractores y simpatizantes de esta droga, los petas pueden ayudarte a relajarte y a dormir. Aquí, en este caso, sí puedes utilizar un sustituto: una pastilla recetada por tu médico. Compagina como te digo el medicamento con técnicas de relajación y para combatir el estrés. En tres días estarás durmiendo bien y de forma sana.

Si decides seguir con los petas para dormir o para relajarte, te vendrá este pensamiento cuando te falte uno: «Por un cigarro no pasa nada». Utilizarás el tabaco como sustituto. A la vuelta de la esquina estarás de nuevo fumando cigarros sin aliñar y porros. Para abandonar el hábito no es necesario un sustituto, sin embargo, para dejar los petas posiblemente sí.

Olvídate de utilizar un sustituto del tipo que sea, pues sin darte cuenta creerás que estás a salvo con él. Con el riesgo de crear otro hábito. Y entonces construirás un muro muy vulnerable y muy precario.

El alcohol y otras adicciones

Como andaluz que soy, me gusta el flamenco. En el flamenco existen varios estilos, como alegrías, fandangos, bulerías, sevillanas, etc. Hay artistas que son buenos en varios, y como se suele decir en ese mundillo, monstruos que le pegan a varios palos. Permíteme utilizar esta expresión para decirte que si tú le pegas a más de un palo en cuanto a adicciones, elige suprimir el que más te pese o el que más te perjudique. Si le pegas a dos, incluido el tabaco, y este no es el más pesado, deja primero el otro y pide ayuda si estás cansado. Cuando hayas pasado el duelo correspondiente, podrás iniciar una nueva etapa, vida, ciclo o como prefieras llamarlo sin fumar. Es entonces cuando debes leer el libro de nuevo.

Si tu palo o cante flamenco es de un aficionado, permítete comenzar cantando, bailando por bulerías y sin cigarro que acompase. Es decir, en cuanto al alcohol, si te gusta tomarte unas cervezas o una copa con los amigos, continúa con tu vida normal. Puedes hacerlo. El alcohol esporádico no te incita a fumar.

> **Cuando te tomes unas cervezas, estés en una reunión o en un evento, y veas que estás sin fumar como si nada, te sentirás satisfecho.**

Evitar una recaída

Yo prefiero llamarlo «interrupción» en lugar de recaída. En realidad es eso, un parón en el ciclo que habías comenzado.

Hay exfumadores que temen retomarlo, la mayoría debido a que les costó mucho dejarlo y volver a enfrentarse a esto les aterra. Hay otros a los que les afectó tanto el tabaco que se apoderan de ellos, como es lógico, recuerdos físicos y psicológicos devastadores.

En mis inicios impartiendo cursos me encontré con un 5% de los asistentes que interrumpían su etapa de libertad debido a la facilidad con la que abandonaron el hábito. En ese mínimo porcentaje algunos no lo habían intentado nunca por su cuenta. Esto me llevó a hacer hincapié en la valoración que se debe tener con lo que consigues, que no solo es aparcar tu programa, sino también la comodidad con la que lo haces.

Dejar de fumar cuesta mucho trabajo, pero que tu programa se quede sin utilizar sin dificultad con las pautas que he compartido en este libro es muy sencillo. No infravalores lo que vas a conseguir. Si no lo aprecias, puedes cometer el error de interrumpir una etapa estupenda.

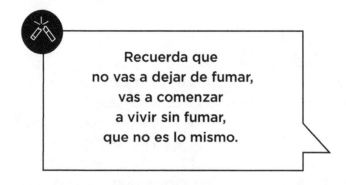

> **Recuerda que
> no vas a dejar de fumar,
> vas a comenzar
> a vivir sin fumar,
> que no es lo mismo.**

Una sola calada

La conducta que ha desaparecido o has disociado podría regresar con una calada, y el programa de fumar que has dejado sin usar volverás a utilizarlo con solo probar un cigarrillo. No te va a servir de nada, pero estará de nuevo en la pantalla del ordenador y lo pondrás otra vez en funcionamiento.

Si después de veinte años sin montar en bici te vuelves a subir en una, tu programa de montar en bicicleta se conectará de nuevo. Con solo una pedalada se activará. En cuanto al que nos concierne, hayan pasado días, semanas, meses o años, se interrumpirá únicamente repitiendo el gesto. Puede ser con el mismo o con otro condicionamiento, y es posible que vuelva con más fuerza.

Indistintamente de que no hayas intentado dejar el tabaco nunca y que no puedas comprobar el regalo que te ofrezco, valóralo.

> **Valora que al final
> del libro vas a iniciar
> fácilmente una vida
> sin fumar.**

Sé muy riguroso

Tienes que serlo y seguir los pasos, de lo contrario, empezarás tu nueva vida con dificultad y la interrumpirás a los pocos días. Emprender un camino haciendo lo que crees conveniente para dejar de fumar o escuchar a los de tu alrededor es una razón para continuar siendo un esclavo. Si piensas que es mejor para ti hacer algo distinto de lo que te ofrezco en estas páginas, cometerás la equivocación de no cumplir estrictamente las pautas. Las cuales son muy claras y concisas.

Es esencial eludir la obligación de dejarlo debido a los consejos de tus familiares. Debes caminar sin ataduras a un cigarro exclusivamente por ti. Es básico que apartes la idea de dejarlo sí o sí. Y muy importante que no anticipes un síndrome de abstinencia futuro. Estos son motivos para esforzarte, estar enfadado y tener una posible interrupción de tu libertad.

Si no reúnes ningún requisito del destacado anterior, y eres estricto con las pautas, puedes dar comienzo a una andadura libre del tabaco. Sin embargo, tal vez te autoflageles e interrumpas tu libertad.

La principal causa para volver a fumar

Insisto: si no reúnes ningún requisito del destacado anterior y eres estricto con las pautas, puedes dar comienzo a una andadura libre del tabaco. Sin embargo, tal vez te autoflageles e interrumpas tu libertad.

La autoflagelación consiste en hacernos daño o castigarnos para aliviar un sufrimiento psicológico. Si estamos en un momento delicado, dificultoso y/o no sabemos gestionarlo, trabajarlo ni aceptarlo, nos autocastigamos.

Todos experimentamos circunstancias desagradables a lo largo de nuestra vida; sin embargo, eso no significa que trunquemos nuestra etapa de libertad volviendo a fumar. En un tiempo prudencial podrás gestionar cualquier eventualidad que se te presente sin necesidad de castigarte refugiándote otra vez en el tabaco. Si te apeteciera después de unos meses, ya sabes el motivo. Está claro que síndrome de abstinencia no es. Volviendo alivias ese sufrimiento, pero después tendrás un sentimiento de culpa que durará días o semanas y te seguirás calmando de ese desajuste emocional. Aunque me repita: en muy poco tiempo te habrás habituado a vivir sin fumar y podrás gestionar cualquier imprevisto sin encender un cigarro. Fumar no te va a ayudar en nada.

Si por algún motivo interrumpieses la etapa que vas a iniciar al final del libro, fuma durante al menos seis meses antes de comenzar a cuidarte de nuevo. Si ya dejaste tu programa sin utilizar, puedes hacerlo otra vez. Eso sí, espérate al menos, como te he comentado, medio año para que esté arraigado y te vuelvas a cansar. Habrás olvidado en parte lo fácil que te resultó empezar una vida sin tabaco. Si lo haces antes corres el riesgo de despreciar lo que has conseguido, que no es dejar de fumar, sino cuidarte en este aspecto y hacerlo cómodamente. No es que ignores lo bien que has estado, sino que olvidarás los pasos que has de seguir. Además, fumarás como antes de leer el libro.

Fumar de nuevo no te va a servir para nada

En una ocasión me llamó por teléfono una mujer que había perdido a su perro a los dos meses de liberarse del tabaco y me dijo que tenía unas ganas horribles de volver a fumar. No sabía qué hacer.

—¿Crees que un cigarro va a encontrar a tu mascota? —le pregunté—. Si te apetece es solo para alejar de ti el desasosiego que sientes. Recuerda: tus ganas de fumar las manejas a tu antojo, por lo tanto, puedes hacer que desaparezcan desviando la atención. ¿Para qué tener ganas de fumar si no te van a devolver a tu mascota?

Me contestó que llevaba razón, y a la semana me mandó un mensaje diciéndome que el perro había aparecido: «¡Gracias a Dios Rocky está con nosotros de nuevo! Menos mal que te llamé y me hiciste ver que podía pasar sin tabaco cualquier disgusto, si no hubiera vuelto a fumar. Aunque si te digo la verdad, ¡la idea me daba asco!».

La única razón para posponerlo

Recuerdo a un muchacho cuyo padre había fallecido recientemente.

—¿Cuánto fumas? —le pregunté cuando me lo comentó.

—Desde que murió mi padre hace cuarenta días, unos veinte. Antes solo unos ocho.

—Creo que no es tu momento para dejarlo —le dije—. Puede ocurrirte que te castigues con el tabaco o sin él.

—No entiendo lo que quieres decir con eso. Yo deseo dejar de fumar. El tabaco me produce repugnancia, tengo pitidos en la garganta, me asfixio. ¿Como que puedo castigarme con él?

—Si quieres dejar de fumar ahora que estás pasando el duelo, tal vez te suceda lo que ya te está ocurriendo: que aumentes el consumo y como consecuencia sientas repugnancia hacia él y fatiga física. Te castigas fumando más y eludes en parte el sufrimiento por la muerte de tu padre. Y si lo dejas, lo harás con esfuerzo e intentarás reducir el padecimiento que conlleva tu aflicción con dificultad. De un modo u otro te autoflagelas. Estás mirando hacia otro lado. Es decir, por un estado delicado o de sufrimiento puedes privarte de comenzar tu etapa de ser libre, incluso fumes más.

Es cierto que hay circunstancias que no son las más propicias para dejar el tabaco, pero son esas en las que todas las cosas te van a dar lo mismo, y fumar va a ser una de ellas. Como me dijeron una vez, estarás en un momento que te dé igual que te «muerda un perro que una perra».

No hace falta escoger un momento idóneo, pero si estás atravesando un estado delicado y te cuesta gestionarlo, detente. Detén la lectura cuando termines este capítulo, pero te propongo algo mientras tanto: coge un papel en blanco y tres lápices de colores. Uno gris, otro rojo y otro verde. Calcula cuánto tiempo llevas fumando y pinta una rayita gris por cada día aproximado que hayas fumado hasta hoy. Cuando termines, comienza a pintar una de color rojo por cada día que continúes haciéndolo y mientras trata de gestionar o aceptar por lo que estás pasando. Pide ayuda si es necesario. Cuando ya estés emocionalmente estable, dibuja una rayita de color verde y comienza a leer de nuevo el libro. Ten paciencia que todo se supera. Ya sea por un divorcio o una traición, por ingresar en la oficina del paro, por una enfermedad, por un familiar enfermo o por cualquier otra circunstancia. Con paciencia, y si es posible con ayuda, todo se acabará. Después de tantos años fumando no creo que te ocurra nada por treinta, cuarenta o sesenta días más.

Si te encuentras en un estado emocional difícil, después de tanto tiempo fumando, te será indiferente pintar unas rayitas más hasta que lo superes. No te obligues ni te prohíbas dejar de fumar haciéndote el fuerte y recuerda que un cigarro no te va a solucionar nada.

7.

Camino hacia tu libertad

7.

Camino hacia tu libertad

Las recompensas de un exfumador

Cuando empezaste a fumar tuviste una respuesta de premio, ¿recuerdas? Pero ya no recibes ninguno. Ni siquiera te relajas o te gusta. Aprendiste a base de repiticiones y seguiste por los beneficios que obtenías; sin embargo, al día de hoy, a falta de retribuciones disociarás lo condicionado biológica o psicológicamente. Fumar carecerá de lógica. Es desagradable, estás cansado y fatigado de arrastrarte. Por lo tanto, el gesto inconsciente se cortará, se debilitará y es improbable que se repita en un futuro. Cesará en poco tiempo hasta que tu hábito desaparezca de la misma forma que apareció. Ahora lo aprendido se puede desaprender.

Transforma tu manera de pensar; esto es distinto. Cambiarás tú y tu vida en general. Cada día que pase te sentirás más seguro y esta seguridad aumentará en todos los aspectos. Te notarás fuerte y capaz de hacer lo que te propongas. Será un verdadero gustazo cuando algún conocido te ofrezca un cigarro y le digas con una ligera sonrisa que no te apetece. Y si te preguntara si has dejado de fumar responderle que ya lo harás para siempre cuando mueras. Es un orgullo decir esto. Esa es otra recompensa que hará que se pierda por completo cualquier gesto relacionado con el tabaco. Es la paga extra que te reportará remuneraciones físicas y psicológicas.

Ser libre del tabaco es un gustazo

Esto sí que es una gratificación y un impulso para seguir sin fumar día tras día. A los pocos días lo notarás físicamente. Y psicológicamente desde el mismo instante que cierres este libro. Además de ser la envidia sana para los fumadores y los premios que te aporta dejar el tabaco, recibirás otros, como el ahorro de los euros diarios que te gastas para darte unas buenas vacaciones, para donarlos a una asociación benéfica o para marcar la equis en tu declaración de la renta.

Estar sin fumar es satisfactorio desde el minuto uno que comienzas a ser libre. Es un estímulo enorme tan solo por haberlo logrado con facilidad. Prémiate al final de cada jornada y en un futuro muy pero que muy presente recibirás enormes recompensas, extras, incentivos, gratificaciones o como prefieras llamarlo, disfrutando a partir del mismísimo instante que rompas, sueltes las cadenas y dejes de arrastrarte.

Tu inconsciente recibirá órdenes sin necesidad de mantener una conversación con él. Por el hecho de comenzar una vida sin ataduras y hacerlo fácil, ya estarás recibiendo información y una orden imperativa. Cada café, cerveza, momento, circunstancia, reunión o evento que pases sin fumar será una medalla. Cada día que pases sin tabaco será un trofeo. Y cuando menos lo esperes podrás alzar una copa como la del Mundial o como la de la Champions League.

En unas Navidades blancas —por la niebla y no por la nieve— de hace unos años, caminando por el paseo de la Ribera, vi a un hombre sentado frente a un lienzo apoyado en su caballete junto al río Guadalquivir. Me acerqué con curiosidad y me sorprendí al ver lo que había dibujado.

—Discúlpeme que le interrumpa. Me llamo Ángel Castillo y me dedico a ayudar a fumadores a liberarse del tabaco. Me ha llamado la atención su cuadro. No entiendo mucho de pintura, pero por la parte que me toca lo que veo me parece una obra de arte —le dije.

El hombre sonrió y me explicó el porqué del lienzo. Era un recordatorio por haberse liberado de fumar con cuatro paquetes de tabaco dibujados y unas frases escritas:

Tobacco is HISTORY.
And packet ART.

El tabaco es HISTORIA.
Y el paquete, ARTE.

Rafael, que así se llamaba, utilizó una pintura para no olvidar que el tabaco se había convertido en pasado.

Tú puedes usar el paquete llevándolo contigo. Llevarlo es una destreza y una maestría. Cuando lo creas conveniente déjalo sobre un mueble para que te recuerde que estás libre y que te mantienes en ello. O puedes dejar este libro a la vista y así acordarte siempre que dejarás de fumar cuando mueras, pero que de momento te estás cuidando en este aspecto. Mientras llega el final de tus días, continúa escribiendo tu biografía y conviértete en una leyenda por haberte liberado del tabaco y haberlo hecho fácilmente y con arte.

Cada persona tiene a diario gratificaciones al desencadenarse. Al hacer una vida normal sin fumar sentirás enormes recompensas. Cuando trabajes, leas y disfrutes de los que quieres siendo libre, te abordará un sentimiento de orgullo. Te sentirás más fuerte y cada vez más convencido, y no solo físicamente, también en la parte más profunda y psíquica. Una salud, una energía y una apariencia adecuada a tu edad. ¡Estarás mejor que nunca!

Cuando veas a alguien fumar pensarás que tiempo atrás tú fuiste esclavo del tabaco. Que tu vida estaba condicionada por un cigarro. Que aparcaste tu programa de fumar que utilizabas sin lógica alguna e inútilmente. Fue sencillo al saber cómo hacerlo. Y pensarás:

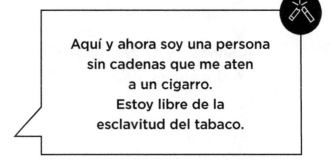

**Aquí y ahora soy una persona
sin cadenas que me aten
a un cigarro.
Estoy libre de la
esclavitud del tabaco.**

Estás quemando cinco euros

En los cursos, aunque hago hincapié en que no deben tener la excusa del ahorro de los euros que cuesta un paquete, saco una fotocopia de un billete y lo quemo con un mechero. A continuación les digo:

—Es bueno que sepáis, aunque ya lo sabéis, que el tabaco es un artículo de lujo improductivo y que estáis quemando cinco euros. Es una sensación desagradable tirar ese dinero inútilmente todos los días por poco que sea.

Recompénsate a cada instante o prémiate cada minuto cumpliendo tu objetivo. Condecórate al final del día por haber estado sin fumar y estimúlate al siguiente con el galardón del anterior que no fumaste.

El comienzo de tu libertad

Teniendo en cuenta las numerosas investigaciones relacionadas con la neuroplasticidad o la plasticidad cerebral, se podría decir que la visualización creativa y la imaginación activa son esenciales para el cambio de conductas. La neurociencia ha demostrado que el cerebro continúa formando constantemente conexiones neuronales. Gracias a ello, tiene la capacidad de adaptarse para modificar conductas y experiencias por muy arraigadas que estén. Conforme aprendemos nuevos hábitos o se desaprenden los ya aprendidos —recibiendo beneficios a cambio— las conexiones sinápticas se fortalecen. Las neuronas que rara vez utilizamos se eliminan al carecer de un movimiento adecuado, y al usar con frecuencia otras, estas se harán más fuertes. Es lo que se llama poda sináptica. Tu cerebro se adaptará y cambiarás conductas carentes de lógica o que te perjudican sin dificultad ni esfuerzo. A esto habrá que sumarle que tus neuronas harán que aprendas con más facilidad y desaprendas con rapidez la conducta que quieres dejar sin utilizar.

El futuro

Si te ves haciendo una vida normal sin fumar, te resultará cómodo y fácil desprenderte del hábito y aprender a vivir sin tabaco. En realidad, no aprendes a vivir sin un cigarro, ya que no tienes que hacer nada, tan solo realizar una visualización creativa de una forma relajada o activa al inicio. Si a esto le añades, como hemos visto, que el cerebro no diferencia entre lo que hay «dentro de tu cabeza» y «lo que hay fuera», no distinguirá entre lo que visualiza y el futuro. Lo vivirá en presente y creerá todo lo que ve y piensa de igual forma que tú anticipabas un temor al dejar de fumar y que ya lo sentías antes de empezar. Ahora que dispones de información sobre cómo evitarlo, dudándolo, teniendo conocimiento de las causas que provocan un mono inexistente y cómo lo manejas a tu antojo, imagina lo que sentirás al visualizar una vida con tu nueva imagen sin fumar.

No tengas la más mínima duda. Tu vida será igual, pero sin fumar. Y tu inconsciente lo creerá, ya que le estás dando una orden imperativa sin necesidad de mantener una conversación con él. Sin necesidad de ordenarle que vas a dejar de fumar con sus consecuencias estresantes. Él hace lo que tú le dices, él no es la parte lógica. Te obedece con tan solo un gesto, un pensamiento o una visualización. Las neuronas que no utilizas desde que lo imaginas irán camino del velatorio, y a las pocas horas morirán. Tu programa de fumar se quedará en desuso, se quedará sin utilizar.

> **Harás una poda como si de un árbol se tratara. De una rama que no da fruto alguno ni tan siquiera sombra que te cobije.**

Un sueño hecho realidad

¿Cómo hacer una visualización? Es muy sencillo. Al final del libro vas a poder hacer un ejercicio con la ayuda de un enlace, pero de momento te doy unos consejos para hacerla.

Escoge un lugar donde no te molesten durante al menos veinte o treinta minutos. Adopta una postura cómoda —puede ser sentado, recostado o tumbado boca arriba—. Mantén los ojos cerrados y haz tres o cuatro respiraciones profundas inhalando por la nariz y exhalando por la boca. Siente tu respiración y focaliza tu atención en la zona táctil de tu respiración, es decir, observa en qué parte roza el aire de tus fosas nasales al inhalar mientras haces esas respiraciones.

A continuación imagina un árbol. Un árbol que te simbolice. En él hay una rama que se ha secado y que representa el tabaco. Una rama sin fruto que cortas. ¿Sabes que cuando se poda un árbol este crece con más fuerza y brotan ramas nuevas? Despreocúpate de hacerlo a destiempo, que la cortarás en el momento idóneo. Cuando la estés cortando, imagina que frente a ti hay una pantalla de cine o un gran televisor en el que comienza a proyectarse una película en la que apareces tú rompiendo o abriendo el candado que une las cadenas que te han tenido atado a un cigarro y las dejas caer. Continúa tu película donde te veas haciendo una vida como de costumbre sin fumar. Con amigos fumadores o no, en reuniones o eventos, con la familia, en el trabajo o saliendo de él, de vacaciones, tomando cervezas o paseando al perro. Y todo esto sin fumar, sin ansiedad ni síndrome de abstinencia. Si no puedes visualizarlo, haz como si realmente estuviera ocurriendo. Una película donde veas que te ofrecen un cigarro y tú respondas que no te apetece.

No digas ni te digas que lo has conseguido ni que has dejado de fumar. Solo di que no te apetece.

Cuando te veas con ese alguien fumando y tú en paz y tranquilo, aparecerán unos subtítulos: «En otro momento, tiempo atrás, estaría fumando con y como esta persona. Pero aquí y ahora estoy en paz, disfrutando sin fumar y libre». ¿Para qué fumar?

Dirige y protagoniza tu propia película y mantente sin fumar con pequeños gestos y día tras día. Imagínala, hagas lo que hagas o dejes de hacer, sin ningún cigarro. Observando a gente esclavizada con y por el tabaco. Una donde aparezcan de nuevo subtítulos que digan: «Qué bien me siento al estar libre de condicionamientos por un cigarro». ¡Qué bien estoy aquí y ahora! Continúa interpretándola y cuando te visualices haciendo una vida normal varias veces, haz como si te absorbiera la pantalla. Siente que ya no es una película y que es real. Que ya no es una imagen. Siente la satisfacción de ser libre y regocíjate, goza de la libertad. Experimenta el placer de un sueño hecho realidad.

Acto seguido imagina un enchufe sucio, carbonizado, relacionado con el tabaco, y desenchúfalo de la corriente eléctrica. Pon uno nuevo que no tenga que ver nada con los cigarros. Cuando lo hayas cambiado, sal de tu experiencia despacio, sin prisa. Tómate unos segundos para comenzar una nueva vida. Tu futuro de una persona libre del tabaco.

Este ejercicio puedes hacerlo tantas veces como quieras. Si no dispones de tiempo, sueña despierto. Está demostrado que la visualización y la imaginación activa es un dejar fluir emociones, sensaciones y sentimientos. La visualización creativa y la imaginación activa es el medio de trabajo más importante en la profunda psicología. Mediante tu consciente, tú puedes cambiar y transformar conductas dañinas o equivocadas que hay en el inconsciente. Es decir, puedes continuar imaginándote tu vida habitual con tu programa estacionado mientras haces tus tareas diarias. En el momento que hagas dos o tres cosas habituales sin fumar, te resultará más fácil hacer las próximas y visualizarlas.

Cuando llega esta parte del curso hay algunos asistentes que se relajan y otros que ni tan siquiera cierran los ojos. Para visualizar una vida normal libre del tabaco no es necesario relajarse.

Recuerdo a un hombre que al tiempo de haber estado en un curso acompañó a su esposa. Antes de entrar charlamos un poco de cosas banales. Por último me comentó:

—Le he dicho a mi mujer que se despreocupe, que aunque esté pensando en otras cosas no perderá nada de tu discurso. Que le es suficiente con estar aquí. Yo en la última parte ni me relajé. Es más, abría los ojos constantemente.

Una persona sorda hace una visualización activa mientras está pendiente del intérprete. Un curso como todos con la excepción de que para ellos es un soñar despiertos. Y en los que acude alguien con discapacidad visual se diferencia en una imaginación sensitiva, que puede ser para todos, sea invidente o no.

Construye el guion de tu película con el protagonista libre de la cautividad del tabaco. Rompiendo las cadenas que te atan a un cigarro y haciendo una vida como de costumbre sin fumar.

El punto final

Estamos llegando al final y a tu principio como exfumador. Acepta el regalo. Y para hacerlo aún más fácil, te resumo todos los puntos que debes tener en cuenta:

- Evita recuperar el tiempo de golpe.
- Haz tu vida habitual sin fumar.
- No esquives ningún acontecimiento.
- Reúnete con fumadores.
- Duda en todo momento de lo que pueda suceder en un futuro.

- Pon en tela de juicio el síndrome de abstinencia. No lo anticipes y pregúntate para qué vas a tener ganas de fumar.

- Fumar es un hábito asociativo inútil.

- Está claro, no es por la adicción a la nicotina.

- Cuida tu silencio y guárdate el secreto de que vas a dejarlo.

- Lleva el tabaco contigo sin miedo. Te dará fuerza y confianza. No hay diferencia entre que lo ves y está en tu cabeza. Aunque lo dejo a tu elección, serás tú quien domine.

- Despreocúpate de fracasar que lo conseguirás, en tu última y primera página.

- Mantente sin fumar en pequeños pasos.

- Deja de pensar en después y en el mañana.

- Camina ligero sesenta o noventa minutos al menos cuatro veces por semana. Disfruta del paseo pisando fuerte sin un cigarro que te acompañe.

- Come sin estrés.

- No jures ni prometas.

- No apuestes que lo vas a dejar sí o sí.

- No vaciles en tener la certeza de que vas a empezar una nueva vida libre del tabaco.

- Sé riguroso.

- Tira los sustitutos a la basura.

- Cuidado con las variantes del cigarro.

- No reduzcas la cantidad.

- Un cigarro te estresa, nunca te relaja. Y ten por seguro que te desconcentra.

- Hazlo solo y exclusivamente por ti.

- No te castigues con él o sin él.

- Permítete unas buenas vacaciones. El tabaco es un artículo de lujo.

- Al principio se te irán las manos solas a coger un cigarro, pregúntate por la única razón: ¿para qué continuar fumando?

- Focaliza la atención en lo que estabas haciendo o desvíala del cigarro.

- El gesto de cogerlo desaparecerá en poco tiempo.

- No recibirás nada a cambio, carece de lógica y sentido. Y posiblemente te desagrade.

- Conforme pasen los días sin fumar obtendrás recompensas físicas y psicológicas.

- Estarás orgulloso y es muy poco probable que se repita.

¿PARA QUÉ CONTINUAR FUMANDO? Esta es la única orden imperativa que recibe tu inconsciente, la que aceptará incluso sin saber.

Tu llave maestra es **ME HE CANSADO DE FUMAR**. Sin peros ni excusas. La que te abrirá el candado que une las cadenas que te esclavizan. Sin buscarlo habrás encontrado el momento idóneo.

**NO VAS A DEJAR DE FUMAR.
VAS A COMENZAR UNA NUEVA VIDA
LIBRE DEL TABACO.
ES TOTALMENTE DISTINTO.**

Ahora fúmate un cigarro, no como si fuese tu último deseo antes de morir, puesto que no te va a alargar la vida, sino con la ilusión de comenzar una nueva sin las cadenas de un esclavo y sin candado que las una. Si quieres despedirte a lo grande, puedes fumarte dos.

Despídete sin decir adiós

Mientras lo fumas piensa en el motivo, en la excusa y en la orden: me he cansado de fumar, de la esclavitud de un cigarro y de arrastrarme. ¿Para qué continuar fumando?

Cuando lo apagues haz un pequeño ejercicio de visualización y dirige tu película como el principal protagonista, llevando una vida como de costumbre, pero sin fumar. Utiliza el enlace: https://angelcastillohipnosis.com/audio/ y convierte el sueño en realidad.

Tú lo creas, tu inconsciente lo cree y comenzarás una nueva etapa. Permítete finalizar un último capítulo de fumador. Comienza otro libre del tabaco. Camina y camina, con soltura, pisando fuerte y recto.

Tu última y primera página están sin escribir para que puedas plasmar tus memorias de fumador.

Si yo me lo he permitido,
TÚ, ¿POR QUÉ NO?

Tobacco is HISTORY.
And packet ART.

El tabaco es HISTORIA.
Y el paquete, ARTE.

Ahora sí que sí, amigo mío,
has conseguido llegar al final del todo.
Comienza una nueva vida libre del tabaco
sin decir adiós.

¡EN-HORA-BUENA!

Epílogo

En numerosas ocasiones me cruzo con exfumadores a los que he ayudado a vivir sin fumar. Me cuentan sus experiencias y cómo les ha cambiado la vida desde entonces en todos los aspectos: familiar, física y psicológicamente. Pero hay algo que me sigue llamando la atención: cuando con una sonrisa de oreja a oreja me dicen que le han dado mi teléfono a fulanito, a menganito, a su compañero o a su prima. Como si se sintieran orgullosos de recomendar asistir a uno de mis cursos.

No sé si has escuchado el siguiente dicho, el cual comparto: «Quien salva una vida, salva al mundo». Yo tengo otro de cosecha propia: «Quien ayuda a un fumador a liberarse, libera a otros».

Siempre he sentido la necesidad de ayudar a fumadores a tener una vida libre del tabaco en la distancia. A pesar de que mi entorno me decía que estaba loco, quería aportar un granito de arena escribiendo un libro. Desde entonces me rondaba por la cabeza esta cita profética: «La recompensa de todo trabajo que realiza el ser humano finaliza cuando este muere, excepto tres cosas: una limosna continua, un saber o un conocimiento beneficioso y un hijo piadoso que pide por él cuando este esté en su tumba». Este relato que se atribuye a Mahoma se interpreta como plantar un árbol, escribir un libro y tener un hijo. Plantar un árbol significa asegurar y preservar la naturaleza y sus recursos. Tener un hijo, la responsabilidad de mantener la especie. Escribir un libro se interpreta como la manifestación de haber dejado algún bien para la sociedad. La capacidad de plasmar en papel una historia con nuestros errores y servir de ejemplo.

Pero no basta con plantar un árbol, sino que hay que regarlo. Tener un hijo, el ser más preciado, implica educarlo e inculcarle valores. Escribir un libro, publicarlo y aportar. He aquí un simple gesto de compartir contigo y contribuir.

Tengo dos hijos, he plantado un árbol y me quedaba un libro por escribir. Al hacerlo, espero haberte ayudado a comenzar una nueva etapa en tu vida. Y no solo a ti, sino a aquel que quiera ser libre del tabaco.

Cuando tu secreto deje de serlo y seas la «envidia» de toda persona fumadora, cuando hayan comprobado que estás sin fumar y lo has hecho fácilmente, recomienda el libro. Así de esta forma tú habrás aportado un cántaro de agua al sediento caminante fumador solitario de este desierto. Ayuda al que quiera liberarse como tú lo has hecho. Construye un oasis con aguas cristalinas para calmar la sed que produce un cigarro. Facilita a aquel que esté cansado de arrastrarse agua fresca. Hidrata al sediento, que descanse, y regálale unas sandalias para que comience una andadura en un nuevo camino sin cigarro encendido que le acompañe. Un calzado distinto al que ha utilizado hasta ahora. Enséñale una ruta diferente.

**Disfruta ayudando
a otros a vivir sin fumar.
Esto es una recompensa
y un premio.**

Agradecimientos

Me encuentro en la tesitura de querer dar las gracias a todos los que han estado presentes, aunque ya no lo estén. Tanto es así que necesitaría las mismas páginas de este libro para incluirlos. Por eso me veo en la obligación de mencionar tan solo a una parte.

Agradezco a todos mis clientes que compartieron y me regalaron sus experiencias, me enseñaron y me hicieron aprender a cada instante.

A mis hermanos, amigos, vecinos y conocidos que me inspiraron, apoyaron y aguantaron mis largas charlas acerca del libro.

A los que se cruzaron, me frenaron y a las circunstancias.

A los que me levantaron en las reiteradas ocasiones que me he llegado a caer y a los que me prestaron su bastón.

Mi más sincero reconocimiento a Aurora, que con sus puntos y comas hizo que el borrador se acentuara con una gran tilde y no quedara en un cajón.

A un familiar que me puso los pies en el suelo.

A esa amiga filóloga en francés que siempre está.

Gracias a mi amiga Sandra que supo leer entre líneas y me tradujo en un idioma entendible para mí.

Qué decir de mi madre por sus grandes charlas, de mi padre por sus preguntas sin querer obtener respuestas y de mi agradecida y reconocida deuda hacia con ellos.

Y en especial, a mi gran amigo Juan Pedro.